大夏书系·通识教育

张文质说②

张文质 著

生命的见证

华东师范大学出版社
全国百佳图书出版单位

目　录

爱是从你身体内部打开的自由的花朵

倾听站在智慧这一边

生命中最难以医治的就是深深的忧伤

这一生最幸运的事就是和诗的相遇

未来多么遥远，同时又是时常开在眼前的花朵

自序　只有教育才能使我如此多愁善感

——给一本"哈扎拉尔的书"写的开头

　　早上醒过来，我总是乐于把自己想象成一只有点肥胖的寄生虫，教育的寄生虫。一种无着落感便油然而生，不是"如果没有教育，我何以为生"，而是"只有教育才能使我如此多愁善感"，这是一棵我生活其中数十年适宜的寄生树，我由此找到了生命的感觉，至少常常是每天醒来后的第一个感觉。我每天的生活，也正是因为这样看似毫无变化的对象感，而使我感到，每天都是要被撕下的一页，活过的一天便很快与之前的任何一天重叠在一起，变成没有面目的过去，这里"时间有一大堆"。

　　而要在这样一本书中登场的哈扎拉尔说：即使这样，你也要坚持着当你讨论某个问题时，只用"我"，而不说"我们"，你的嘴里更不会冒出"我们老百姓"之类的水泡，"没有什么词能够像'我们老百姓'这样充满轻蔑、自我践踏的意味了"，"当我听到'我们老百姓'，我就会对你，呸！"

　　我大概能理解哈扎拉尔的怒气。因为哈扎拉尔一直是生活在我的文字中的特殊的一个人，你去寻找他时，他不在任何之处，你阅读我的文字之时，便能处处嗅到他的气息。这就是不透明然而真实的存在。

　　赫塔·米勒是一个乐于讨论独裁、极权、恐惧这类话语的作家，这样的作家都喜欢记录自己的生存境遇，并作漫游式联想，因为她很长时间生活在非常态之中。所谓的非常态，解释起来一点也不难，非常态就是让你怎么感觉都不对劲的状态。正因为你始终"未知"，时时有"意外"，所以你只能紧张地顺从这样的"不断发生"，变成了一个积极的被动者，也许哈扎拉尔正是这样的人，他适于进入赫塔·米勒式的视界，当然，他也适于进入任何"被宰制的作家"的文字。

我还要作一个确切的订正，我并不是只在阅读中寻找哈扎拉尔，我还在所有的存在中寻找，因为"哈扎拉尔"很多时候在我的生活和文字中都演化成了一种真诚的裸露状态。他必须看见，注视，倾听，思考，倾诉，作出辨别，停顿，表达自己的喜悦、接纳、理解和"生命的呼吸"，有的人就生活在被阅读和被书写的某一张纸上。

严格说起来，我属于无目的书写者，也就是这样的写作并非经过事前的严格规划，它是把自己的心献给自己的自由分享。我相信这种事仍然在发生。

今天早上我醒来时，已经很迟了，不过我不用急着赶去上课，我"上课"的铃声不在我的房间里响起。作为一个教育的寄生虫，现在我开始阅读、沉思，进入哈扎拉尔的状态。

以看自己的方式看世界

必须用力去除仇恨和怨恨

哈扎拉尔是一个因为言语而活着的人，他每天的思索就是他所言说的一切，他需要这些言说以维持他的存在，或者也可以说只要他不再言语，声音一落，他就像最小的尘埃一样消失了。更好的比喻，是他自己给出的：当我言说之时，我就像一种香味，你能够闻到某种味道，却说不出我到底就是什么。也许你所说的一切就是我形相投射你心中的一部分，我通过你的见闻而反向地确证自己的意义，不为活而活着，一切都在言语中，你不要在这之外寻找目的。

没有既奴役他人而又不为他人所奴役的，精神的多维控制使生命变得越发困顿与庸俗，哈扎拉尔，现在是你的时刻，无论从哪里，何处，你就开始吧。

好吧，好吧。先是这样一个句子：我们必须用力去除仇恨和怨恨。

所有心怀仇恨的人，他的生命都可能成为一种悲剧。仇恨是一种危险，它极容易引发对所有生命的轻蔑。在仇恨中所激发的热情实际上同样值得警惕，仇恨总是最终通向暴力。

我总是怀着这样的理解，所谓的生命化教育，它是一条妥协的道路，它试图理解这个世界，接纳这个世界，它不是解决之道，而是一种改善的可能。它力图以不断实践的方式，通过自身并不完善完美的努力，达到有限的对世界助益性的推动。

教育总是一种明亮。尽可能为善祛恶的人们，并不是特别有办法，而是这样明亮的生命本身，就有一种改善的力量。

教育也许并不需要急于寻找"改革"，我说的并不是对灾难和苦难视而不见，而是，我们首先试图去理解这个世界，去认同所有"现实"的合法性，不急着作出批判，不把力气花在表现出敌意上，我们需要在充满矛盾与痛苦的世界中，以自己的方式，即使是最微小的方式，表现出另外一格：善意的、真实的、诚恳的对人的肯定，以自己的工作本分和责任去加深对生命对人类普遍价值的理解力。好的教师不断地认同世界之美与人性之美，他呼吁与维护这样的理念，他帮助更多的人认识到这一点。

天空知道，沉默曾有多么轻

天空知道，沉默曾有多么轻

沉默是一张纸，是纸上的爱组成的房屋

是相识不相识的伙伴

是两只脚四只脚八只脚的亲兄弟

以及最淘气的表妹，或者表姐

在每天早晨开始，你们就倾心相爱

你仍是活的树，眨眼的城堡

是最甜的糖，是比糖更甜的蜜

你们是所有的时间，是时间中开放的豆荚

是豆荚中最小的果实

是果实中更小的、更小的沉默

我们是否只能从忍耐中汲取力量

1

我从未期许自己成为"革命者"，或者一个干净的人。如果让我说说生命化教育，我首先会想到犹豫，想到矛盾，有时还会想到难堪。今天说到的教育，总是不堪的，在什么地方，哪一个时刻不是这样呢？你要接着说，你就会把所有的苦痛和泪水置入自己的心灵。

2

那些没有苦痛和负疚的话语说到的教育，大概也更不可信吧。

而那些长在淤泥中的花朵会炫耀自己的美吗？

3

于是快乐也不太像快乐吧。相信短暂，相信命运，在巨大的历史惯性和权力的强力面前，所有的思考都变成低声嗫嚅——在望不到边的黑暗常态中，因为个我的有限性，而屈服于生命的无力感。甚至你只要想到这个"自己"，你便要怯弱了。

当我触到这样的命题，我总是渴望着从自己内心"撕出一条坚韧的路"。

我们首先要用心思考怎样才可能培养正常人

1

我更愿意写下的，则是来自心灵的声音：我怎么越活越难过呢？

2

这样的声音时常在身体中被自己放大了好几倍。

3

有时候为了不忘记自找的"教育责任"，总是更愿意把教育多想几回。我想的结果常常是，慢慢来吧，累积、添加，同时认同属于这个时代的一种命运，一种被派定的状态——说无可奈何也好，总之，这是今天我作为中国人的生活。如果不能大声说话，就继续在小众状况中、在自己的世界中窃窃私语吧。

4

曾经有很长时间对教育漠不关心，只当它就是那样一种状况罢了，也很少去面对到底如何"成为自己"这样的命题。我只是把教师看作以教育为职业的人，把自己的校园生活看作是自己人生的一个过程——有一天，一个开始反思的人，才会发现自己再也走不出关于教育所有的记忆。同时他学会了用"教育"的视角，审读着所有的生活。所谓的沉重，大概局部的原因也在于此吧。

所谓的教师，就是首先以"教育"的立场审视这个世界的人。

这是炎热的午后跳到我笔记本中的一个句子。

5

我明明知道发出自己的声音，每一个人都发出自己的声音是有意义的。我却更想说，也许我也用不着一定要把自己的声音发出来。我只是享受着一些浮想联翩，我审视的首先是自己，不停顿地试图能够改善自己，并且与所有的生命裂痕作出和解。也许只有这样，我才能在有限的调整中使生活稍微舒坦点。

6

我接着把想到的几个问题再记录下来。继续被深度宰制的教育，很难会有真正的改革。这些年繁忙、热闹的"新名校"大体都是闹剧，如果你求取的便是这类"有效""高效"，进而还相当"有名"，其实你也不必远赴他乡取经，你放胆"改革"就是了，然后再找寻一些"运作"高手，你便能求名得名，求财得财。我要武断地说，这大概便是这十年教育最引人注目的荣光之一。

7

翻开"新名校"的荣耀史，我读出更多的是掌控、操练，强力所构筑的荒诞，今天根本无法变革的教育，回应时势，生出来的常常就是这样的怪胎。没有例外的是，越是权力掌控最严密的地方，越是有着最突出的"成效"。

8

这样的"成绩"每隔若干年便要成批量涌现的，当心灵成长和丰富的精神生活变成一个"闲置"而又虚幻的词汇，教育便以追求所谓实效的功用为全部的特征。往往它又因为立竿见影，受到广泛认可的"实效"，而变得具有几乎难以辩驳的"真理性"，教育所应当具有的"历史性"评价的功能，大概要用上若干年，甚至几十年，才能认识到其愚蠢与鄙陋之所在。而在缺少公开的理性的反省能力的土壤上，这些粗鄙与谬误只会被当作笑谈与"传说"，被轻描淡写地一笑置之。愚蠢在这里便具有一种特殊的繁殖力，不断重复着发生。

9

如果要说一句故作惊人之语，我是不会问中国为什么出不了大师的，中国的问题根本不在这里，中国的问题在于，我们首先要把全部气力花在如何培养正常人上，我们首先要用心思考怎样才可能培养正常人！

10

如果中国的教育还不能面对为什么培养不了"正常人"这样的问题，还不断地要把原本比较正常的人不断宰制成不正常的人，你故作深沉地问为什么出不了大师，又有何意义呢？或者这样的问题本身就有巨大的欺骗性，仿佛中国的问题只是出不了大师，而不是，最基本的，也是最根本的，我们的教育所用心的就是为了培养"不正常的人"。

11

有时候，在我独自面对自己的时候，我并不愿意思考这样的问题，但是我又只能去面对——这不是你思考的问题，这就是你生存其中的状态，很多时候，你也会明白，你自己又是怎样成为一个"不正常"的正常人的。

12

我有个奇怪的念头，当我思考某些"重大命题"时，我总是对自己充满了不安甚至厌倦感，我几乎本能地愿意站在魔鬼那一边：魔鬼在细节之中。一切的小细节，低语，风声雨声……

13

一个人活在世界上，是多么矛盾的事情。我工作的那座教育大楼，我已经居间 20 多年了。每当我走进这座大楼，我就离教育"近"了一点——有时我想，荒诞既能致病，大概也能治病吧——我变成了我书中的一个人物，不停顿地生活在异想和教育呓语中的一个小人物。

14

我更愿意做的，也许就是这样耐心地呈现生命的矛盾、无奈与复杂。"自我"做了写作的最好的标本，从这里出发，也许我就更能理解这个时代陈腐、固执、自私同时又特别强悍的"中年特征"。

这个死了却又枝繁叶茂的世界。

我常常想的是，格里高尔在变成大甲虫前的那个晚上，一切并没有任何的异样……

"建设性"地从每一个人开始的变革

1

所有来自内心的声音都将成为痛苦而不安的文字而被记录，为了使我自己反反复复地咀嚼与自我提醒。如果你凭着良心，你就可以识破更多的假象与伪装——并不是知识使我们学会思考，而是良心使所有的知识帮助我们更有可能难以被欺骗，也许所有的尊严都开始于对权势说真话，不是我们在这个世界上已经变得一文不值，也不是所有的改变都不知从何开始，而是，最难的是，我们能够像哈维尔所云：说真话，做实事，从小处做起。

2

我曾在一所高中的讲台上问学生们，我们能不能做到不说假话，孩子们大声回答我："不能！"我既感到震惊，又有点意外，至少孩子们是对我说真话了。

3

每当我看到各种各样的竞赛、评奖、晋级、检查、考试，各种各样的荣誉、头衔，我就知道人的心灵是怎样被控制的，它以给予你的方式最终控制你、剥夺你。任何的"获得"几乎很难不以付出尊严和自我欺骗为代价，它最终要使所有的人都变成"道德沦丧的病人"（哈维尔语）。

4

如果还能对今天的现实进行反省，我们只要自我反省大概就够了，我们多么复杂、矛盾、不可思议，既用层层包裹伪装自己，又几乎能为了任何利益而不择手段，利益时常就是我们的信仰和上帝。一个愤世嫉俗、愁肠满腹的人可以瞬间就为蝇头微利两眼放光、毫无廉耻，胜利、成功、拥有成了最大的梦想，成了真正的硬道理。问题背后的症结之一在于体制几乎控制了所有的资源，它是出牌人更是仲裁者，既掠夺又施予，并以制定所有规则的方式使你变成了不真实的人，变成两面人，变成"二我者"，变成符合它逻辑与需要的人，同时，如果你还能够进行自我反省的话，你就始终无法摆脱自己在道德上的愧疚感，因为我们确实是造成这个时代之恶的罪人之一。我们已经普遍得病，甚至病入膏肓。我们每个人确实都是"体制"，同时还可能也是"江湖"。

5

说出真实总是有意义的，活在真实中才是对生命负有责任的承担，一点一滴挤掉身上的奴性，绝不放弃任何自由表达生命的机会，绝不回避对自我生命的反省，这些都是来自哈维尔作为思想者"从下面"看问题后得出的思考。

我时常想的也无非就是这样"建设性"地从每一个人开始的变革，我们也许时时都处于内心的十字路口，转机其实也有可能正在开始。

活着不过是对死亡的不断瞻望

1

人的生活大概不重要，它是一种活着的状态，劳作、饮食、交往、休闲、娱乐，如此等等，如果你愿意就可以无限制无止境地得到满足，但所有的满足都不能解决无助、荒谬和憎恶所组成的灵魂疾病。活着就会眷注于这些灵魂的声音，所有的眷注都意味着生命的烦忧无处不在、无时不有。显然，在不知不觉之间，有一纸判罪书一直在宣读。

2

所谓"爱从来就不真挚"，"就是快乐也不畅快"等等，就变得比较好理解，活着不过是耐心地收集自己的苦难、矛盾、悖谬以及对死亡的不断瞻望，在这过程中的所有行为，只不过是一些含义相同、形式各异的注释。

不断的重复使激情全然丧失

1

你不能说你工作是因为无聊，但是在大多数情况下，持续的、周而复始的、实际上更像惯性一样的工作，确实很难避免使你陷于无聊。体验会带给我们激情，不断的重复则使激情全然丧失。从工作中最应该寻取的就是你忘记了这是工作，我们总是像一个无名者一样，埋头于在工作中找到自己的姓名，不是工作为人正名，而是因为劳作，生命自身呈现自己。也许这只是一种虚妄的想象力，是因为丧失激情而引起的不安，我们找到自我补偿与安慰的方式，把无心、无力、无助提升为生命普遍的状态，生命就是如此，那么你就不必为此而特别不安了。

2

今天突然变得闷热起来，到处都是拆墙和各种机器的撞击声音。走在路上，我想哪怕我生活在这样的烦乱之中，也不同于在学校办公室与课堂的生活。我对教育的理解力来自无数短暂的经验，来自各种各样的阅读，也来自透过阅读获取的普遍认识。一个人并不是身临其境才能变得更有智慧的洞察力，任何一个人都完全可以因为自身的处境而更能熟悉和自己相似的无数他人，每一个人都是如此的不同，又如此具有普遍性，一个人几乎就是所有的人。另一方面，所有的人加起来也不可能等同于其中的任何一个人。从某种意义上可以说，所有的个人经验都是有意义的，任何出神、发呆，任何时候用自己的眼睛所见的一切，也都是有意义的。虽然这样的有意义最终又总是会落入或许具有更高一点价值的"无聊"之中。

以看自己的方式看世界

1

其实耐心是不难的，就心灵而言，理解自己、接纳自己，最后放弃自己，就是生命普遍的进程。是的，我们以看自己的方式看世界，不是简单地看，是日复一日、在不断改变自己的心境中持续地看。

2

我已经写下无数这样的句子，我不厌其烦，不断重复自己，因为我发现了其中的乐趣，我将记下日常的心绪转化成可资查阅的体验，所有的体验都是、都曾是存在的证明。

3

这一切还有意义吗？对这个问题的思考本身有意义吗？今天雨蒙蒙的，在端午节之前，常常是这样的天气，这样想着就会忘记了生命中曾有的经历、问询，仿佛一切都只在今天发生过。

真实的困难

任何一个人都难以做到对同一事物始终保持相同的立场。

世界没有变化，变化的总是我们自己，我们要不断地为变化寻找理由。

你对任何人期待越多，越免不了彼此渐行渐远。

谬误和偏见总是以"合法"的方式大行其道

1

真正存在的教育总是要比我们所能理解到的教育更丰富、复杂，充满更多难解的困难，真实的教育总是针对具体的个人而言的，一说到个人，我们首先就必须具备最基本的自知之明：我们是以自己能够理解世界的方式去理解的，我们受限于知识、经验、价值倾向，甚至也受限于我们对这一切限制的无知。教育常常是在谬误和一知半解中进行的。如果没有谦卑和谨慎之心，教育就会滑入粗暴和偏执，而另一方面，在价值宰制的国度，即使从最好的意义上说，教育也难以直接面对真实和真理，更为严重的是，在这里谬误和偏见总是以一种"合法"的方式大行其道，而当我们讨论教育时，讨论的到底是什么样的教育呢？

2

不过，从"利己"的角度看，一个思想者大概不必为此大伤其神，因为离开对荒谬生活的省察与批判，所谓的思想者可能会大大丧失自己的光芒和锐利。哈扎拉尔说：我一直感激这个动荡不羁的时代，每天我都在砥砺自己的牙齿，努力使自己变得更强大、坚硬。实际上，我由此也成了"获利者"。

3

大概也只有内心悲观才那么不犹豫，前些天我居然和人唠叨死后"藏身"于何处这样的问题，这是夜晚的话题，到太阳底下一晒就不复存在了。

今天我翻阅朋友们的文字，明白的道理是，我就是爱读某些文字，这才是持久的、最为顽固的需要，在一个人的趣味中展现了生命丰富的秘密。

4

也许正是某些趣味，你发现某种一体感在你与他人身上的存在，人更容易因此而走到一起。

5

哈扎拉尔曾说过，对生命构成最大压迫和伤害的正是无穷无尽的期待感，因为期待感的深层意味正是一种无望，"耐心的阅读者正是那些建立了自己神秘巢穴的人，找到一本耐读的书，远胜过从生活中发现的新的激情，趣味就是温润的光泽，那样安然、宁静，本身就是乌托邦。一个人喜爱一张宽阔的书桌，大概也是值得祝福的"。

6

　　对被限制的生活不断滋生的喜爱，这已不单是一种中年景象。"趣味"也是一种老年的话题，湍急的河流到了开阔地带才变得和缓从容，这并不说明生命的阔大，倒不妨把它看作生命自身的规定性，因为和缓从容的气质，原是为生命的终结作的提前的准备。于是慈祥的光泽才有可能映现在日趋衰老的脸上，行动和缓，内心才更为清澈。生命并非从此能够摆脱各种纠结与矛盾，而是一种丰富的理解力在帮助自己获得自明。

这个世界的新物种：改革虫

1

有一天我或许能够写成一本《哈扎拉尔如是说》这样的书，你一看这题目就知道它是对谁的模仿，更重要的是这本书其实是一本抄录之书，它的思想完全来源于哈扎拉尔，这位现在已不复存在的某个国家的作家。在我的想象中他总是深居简出、不为人知、不近人情，他在凌乱的纸片上写作，他在随便能够拿到手的纸张的空白处写作，他的文字仿佛就是写给黑暗的呓语，他把自己献给这个始终在场的亲人。我则渴望能够通过抄录的方式，抵达对这本想象之书的亲近。

2

当我着手抄录时，我不再恐惧自己才能的丧失，没有任何力量能够阻挡我的工作，我做的就是辨别、誊写、累积和分类，我是一个汲取者。我有自己的"雄才大略"，我只是比较笨拙。

3

我做的工作常常是"有一天，我又抄录了一个句子，我发现了一条秘密通道"，这样的快乐会荡漾开来。哈扎拉尔说，别忘了当你抄录誊写之时，你并没有活在任何朝代。你就是自己之国。

4

哈扎拉尔通过几十年对社会的观察得出的结论是：这是一个不断"改革"的社会，但所有的改革都不可能触及政体自身的核心利益，改革往往基于对现实状况中的某些偏差和谬误的修正，下一次的改革是对上一次改革产生的错误的修正，再下次的改革则是对上一次修正产生的错误的再修正，由此循环反复，"改革"成为惯例，成为社会"发展"的动力，同时改革本身就是各种灾难和弊端的源头。

5

哈扎拉尔说，这个世界由此产生了一个新物种：改革虫，它通过不断吸血的方式使你产生热情、妄想、依赖和更无助的痛苦。

爱是从你身体内部打开的
自由的花朵

人漂浮在存在之外

1

哈扎拉尔认为理解是最难的，一方面我们要致力于各种理解的可能，另一方面，也许更重要的是对"不理解的事物"的容忍。

"你就是把容忍仅仅看成是一种教养也是好的。"不同的人都在自己的山谷中跋涉，每一个人都形成了自己的理解力——首先就是以自己为参照和依据去理解和想象这个世界的。

2

同样困难的是，一个人要真正地同情他人，倾听别人的心声，站在他人的立场上去思考问题，仿佛也像他人那样去承受——这几乎是不可能的事情，这是既不能沮丧，也不必太认真的属于每一个人的局限性、生命的内在格局。

3

从另一个角度看，真正让人放下负累感的则是，从历史的发展立场看，人类所有的存在都贯穿了实实在在的无意义，生于此，无论以什么样的心态活上几十年，其实每一样东西都是平淡无奇，人对这个世界始终怀着异乎寻常的恐惧，这是人类最大的本性，没有任何改变的余地，有时简直只能把它放到一边不去考虑。但是随着"活着"的经验不断积累，每个人几乎都要向恐惧俯首称臣，对一般人而言，它的好处在于会使自己逐渐变得温和、柔软与放达，这很多时候也是社会得以改良的内在元素之一。

人的存在依据自己的肉体，最终又要弃之而去，从这里我们找到了人类因为死亡而生生不息的理由。思考一个社会的发展，各种"敢于思考"的勇气，其实都是指向我们自身的。我们在此获得生机。

4

哈扎拉尔说，今天人人都生活在怨恨之中，最善于发现各种弊端与不幸，又把自己看作无权无势者（事实也是这样），同时完全不期许于变革，更不会想到自己首先也是变革的力量，他们最喜欢批判环境、社会、制度，又不愿意为这些批判而有所承担。他们往往难以意识到自己实际上也成了令人生厌的一群人，他们心中最为渴望的就是自己得利，哪怕这样的利益再小，也仍会有一种充满侥幸的满足感，很多时候无须任何担待的同情心是很多人都会有的，但光是流泪又有何益，还不是个个都是这个体制需要支持时的举手者吗？哈扎拉尔总结道：令你难以想象的是，这就是这个时代的精神状况。

5

今天极端的社会表现出来的另一种形态正好就是这样的无声无息，这种状况迎合了人对自己生命最为消极的理解，人就是某种无意义的活物，人的软弱无力、精神涣散，可能正是生命的常态。一个社会的维护又要端赖于这样让人丧气的内在性。人的精神发展与自我更新确实比较困难，如果这样的"进步"也是一种积累的话，与其说它需要时间，不如说，我们可以直接从时间中感受到了生命的虚无。最后，在纷繁复杂的现实困扰中，人是很难判断与执着于"好与更好"的，人总是迎向自己需要与众人所要的，欲望便因此成为影响力和推动力。

人漂浮在存在之外。哈扎拉尔说，很多时候人免不了就是这样。

6

最后我补充一个旁逸斜出的话题，今晚当我坐车从福州城外的鼓山下山之时，一边温习哈扎拉尔日间所说的话语，也就是我想着他必然要教诲我的那些思考，我突然意识到，这个世界已经足以让我感到害怕，如果我要倚傍谁，我几乎都想不到。从这样的无助与无力中，我想寻找一个诗句为自己作个软弱的注释，大概就是："嘴唇曾经知道。嘴唇知道。嘴唇沉默直到结束。"

自鼓山而下

我就是尽力去承受
一个词，又一个词
纤弱到几乎再不可发声

嘴仍要喂嚅
嘴听不见你曾经
在风中建造的城堡

你，在不远处盘旋的夜火
越来越急促的呼吸
无法置信的斜坡，水滴密布
都在你穿过的那一刻

你呈现了没有你就可能永远不会见到的"事物"

1

哈扎拉尔说，一个人越是盯着一处看，越是难以看到任何希望。哈扎拉尔这样说，还隐藏了一层意思在里面：如同每一个人所从事的工作，你越是盯着看，越是难以看到任何希望。我们所从事的"伟业"，往往由此而成为一种失望与无望。

2

我倒是从这貌似悲切的见解之中，看到了事物的常态，为我们所忽视的某种内在性。所谓的希望总是过于轻浮、热切、一厢情愿，在希望之中所寄寓的更多的不就是自我恐惧吗？有些特别需要人的见识与心智的职业，所产生的失败肯定会直透人的心灵，成为难以修复的疼痛。而我们又几乎根本无法走出，终日只能盯着一处看。我们被派定要做无望的人。

3

只有不知道自己在做什么，又如同得到神助的人，才能把事情做得最好。（电影导演罗勃·布列松说过类似的话：你不知道自己在做什么，而你做得又是最好，这就是灵感。）

4

有时我想到具体的教育、课堂。所谓好教师，就是如果没有你，这个课堂永远不会是这样子。你呈现了没有你就可能永远不会见到的"事物"。

5

你从孩子那里获得的光，使孩子的光变得更明亮。

6

"不美化、不丑化"，你使孩子身上的光既是自己的，又是自然的一部分。

7

你需要忘掉自己，这样你才能忘掉利益、成功、意识形态、国家，所有的老男人，愚蠢的大妈，所有的鸡零狗碎、蝇营狗苟，所有的变态狂、假大空、伪道学。你的课堂一定要从"死的影像过渡到生的影像"，你要竭尽全力使空气中开出生的花来。

8

你的课堂不是让人接受知识和训斥的，而是，所有的人都和你一样完全投入其中，忘了自己。

9

哈扎拉尔说，我们的悲剧不在于得到什么或失去什么，而是我们始终都在算计着得失。

抵达生命或许才是最值得庆幸的事情

1

我或许过早就丧失了一种富有生机的怀疑能力。这使我对自己不断滋生出了失望。很多时候，你大脑里就像充满了棉絮一般，不但有一种被填充感，这种感觉还让你昏昏欲睡。不过，就是说到睡眠，也不是正常放松的状态——一切都不像是真的。我很难知道为什么，至少在思维状态中我显得那么恍惚——这一点大概也是事实，有时候我意识到，我们这一代人普遍老得快，衰老是块挡箭牌，失去活力，只关注于别人看来无聊之事，变得愁绪绵绵，从衰弱中反而可以领悟到"革命"总是与身体的冲动联系在一起。你可以不用费心于真理，只要听从激情的节奏就可以了。

2

如果说到研究教育，哈扎拉尔的理解是，重要的是你获得一种机缘，从中展开思索与对话。也许正因为它是一种机缘，你的理解力总是与具体的教育生活有关，"我更相信在活生生情境中所获得的启迪"，一个人当然也可以持续地学习，你能够获取更多的"常识"，但只有在人那里，你可以真切领悟到真理，因为真理不是知识本身，知识最多是一条条线索，抵达生命或许才是最值得庆幸的事情。

可以说我们不仅"通过"自己认识这个世界，也"通过"生命中无数的他人——尤其是，正是这样无数复杂而奇特的人与人的关系，人才成为人——同时，生命又是永恒的迷惑，无知、无限的可能与不可能。即使我们说"我爱他胜过爱自己的生命"，我们也仍然不知道这样神奇的力量是否就是一种宿命，源自不可知的深渊，"最深的爱常常就是悲剧"，哈扎拉尔说，"你不要对冷酷的理解力、不懈的追问，心生怨恨，其实人类所有的思考，恰恰证明了越来越多的无知"。那些把不倦的怀疑放置在自己心灵之中的人，总是从自己的所知中看到了更多的无知、无望——这个世界怎么变化，也许只能不断加深着这样的迷惑和窘迫，真正有意味的事情，大概都隐含着某种"不屈不挠的博学"的心向。不过，思绪激荡，却无法抵御来自自身的否定。

3

博学不就是一种衰老吗？足够的闲暇，从容的汲取，既放任又有所放弃，哈扎拉尔说，"你不妨也把它看作是精神的懒惰。衰老从最积极的意义上说是一种自爱，当你把目光收到自己时，你就老了。而所谓的博学无论怎么说，都只能在书房和卧室才有可能，一个人专注于知识、沉思，热爱宁静、有序，看上去他总有点不食烟火，又远离尘世"，哈扎拉尔想说的意思是，如果遵循一种自利的原则，我们确实会迎接和尊重这样的衰老，我们把自己放置在精神的无力感之中。

人生的很多难题靠睡一觉是没有用的，
不过睡觉本身却很有益

1

杜十八对我说，那个哈扎拉尔的某些趣味是他所喜欢的。我说，其实在他身上也有某种哈扎拉尔的气息——陈旧而清洁，日渐在幽居中把自己变成了无害、"单调"的木本植物。说其单调，恰是一种不可改变性。这个叫作杜十八的中年人，清瘦、平和、略显笨拙，脚步像柳叶般——他要么不动，要么就是这样奇怪地飘过去——我当然知道在哈扎拉尔身上也有很多精神隐居者的显著特征，他既是自己，又属于某个精神家族，有时他是恍惚者，有时又有点含混。

2

大概是通过对哈扎拉尔的倾听使我窥见了教育和人生中别有洞天的世界，细节，微小的语言，有时过于炫目的某个场景，你几乎都可以为它作精神分析。你总是在场者，你又进行着刻意的自我疏离，所有的信仰和认同都像悖论一样自相矛盾，所有的审问背后，都有自我的价值分裂。每一个时代都鲜有精神健全者。要做区别，只不过有的不健全者像水一样交融激荡，又波澜不惊，有的则像火一样奔突不断，直到毁掉一切。

如果要进一步说下去，我只能说，你去读吧，去看吧，去想吧，一切就像你所思索与发现的那样。

3

哈扎拉尔似乎并不倾心于自我分析，这一点与杜十八相似，却不同于佩索阿。佩索阿是自我缠绕的人，我和他的精神气质好像更接近一些。哈扎拉尔只是观察、审视，又不时用比较极端的方式说出似是而非、似非而是的见解。

4

每个思想者都在日复一日地使自己成为腐朽之物，这是免不了的归宿。生命越完善，思想越贫乏，肉体越衰老，精神越清洁，哈扎拉尔说："我们做的不是一种证明性的工作，我们是吐露者，在工作中呈现自己，最后剩下来的就是悲凄和平静。我是在这样的等待中自我肯定的。"

人生的很多难题靠睡一觉是没有用的，不过睡觉本身却很有益。

你每天用多少时间倾听自己呢？

1

昨晚我听巴赫的《马太受难曲》时，想到过过宁静的生活，你才会喜爱宁静，而你的信仰是什么呢？你每天用多少时间倾听自己呢？我的眼睛渐渐习惯了生命中的黑暗者。

2

哈扎拉尔说，他要是一个爱尔兰人，一定想当一个诗人，每天都要找时间到海边坐坐，每天想一个问题，哪怕什么也想不出来，也愿意持续着这样的生活。他又补充了一句，"我每天的生活，都像无所事事的样子。我把这个样子当作发了一笔不义之财，既有罪恶感，又心怀侥幸"。哈扎拉尔挑的是爱尔兰人，这也有点意思，不过这样的句子一定有它的缘由，不妨猜想一下就可以了。

3

　　大概，我一直在等待一本离奇的书，我只能信赖这些毫无意义却适合我的句子。哈拉扎尔说："我现在已经和自己达成了妥协，我退到书房或手工作坊，上午摆弄手艺，下午在短暂的休息之后就膜拜在康德的门前。"这是一种忘却而有活力的状态，能够离开自己惯常"呼吸"的水面，潜入另一片水域，人生常常就是"我给你写信，但信已无处投递"，这也是另一种生活，其实已经很幸福了——幸福得完全配得上"幸福"这样的重词。说的无非就是，生命中已拉开一小块空地，足够我们自由呼吸，当然，不妨在睁开一只眼睛时，闭上另一只眼睛。

每次都像初读那样的阅读

1

在抄写本上清楚地写下了一个名字，边上还有他手机和座机的号码，可是我完全想不起这是一个什么人。记忆经常会以这样的方式让我对自己产生某种惊讶。其实确认自己的衰老并不是一件困难的事。很多时候我似乎更愿意提早接受自己在日渐衰老这一事实，我想生活的道理总是简单的，现在我把它归纳为"什么年龄就应该做什么事"，作为似是而非、似非而是的一种提问。

2

我会以一种"消极"而松弛的方式去看待今天的教育，我更多想到的是不会改变的某种状况，所谓"不会改变"指的是它的大格局，它其实也在变，但是以你几乎看不到、等不及的方式。有时它的变也不是你所期待的。我们很多心力都耗费在等待、幻想和各种各样的参与之中了。一个不完备、不健全、不健康的社会，既是沉闷、停滞、丧失方向感的社会，同时又会为无数的瞎折腾所左右。现在我已明白自己的厌倦感甚至影响到生活方式和生活态度。

一个达观的人，也就是变得越来越"无所谓"的人。

3

在半明半昧之间，在遗忘与记忆之中，说的是不断被自己重复的话语。而不断地对意识形态、时局、生活等等保持着审视的热情，本身也可能就是一种无聊的事。从某种意义上说，我们都患有意识形态后遗症，我们的生活往往也会因为批判的热情而丧失日常的趣味，批判中滋生着另一种浅薄和贫乏，正如哈扎拉尔说的："独断而粗暴的政治不仅使统治者毫无趣味，面目可憎，以批判为己任的人往往也难以幸免，愤怒、敌意同样使人索然无味。"

4

今天我居然在老家的书架上找到《外国文艺》1980年的第二期、第三期。第二期中有杜拉斯的《琴声如诉》，罗·弗罗斯特的诗四首，还有卡夫卡的两个短篇《绝食艺人》、《歌手约瑟芬，或耗子似的听众》。第三期上有托马斯·艾略特的《荒原》，马尔克斯的四个短篇，大江健三郎的短篇《空中的怪物阿归》。我已全然记不得这两本杂志是怎么到我手中的，当时我是否都读过？所谓的影响力到底怎么发生呢？也许我不再信赖记忆，而更愿意信赖不断的阅读、重读，"每次都像初读那样的阅读"，命运所给予的慰藉有一部分就来自那些白纸黑字之中。

很多时候我们并不知道这一点，也不会有人教导我们懂得这一点，"豁然开朗"其实也不完全真是那么回事。

所谓的诗意常常就是闪烁其词

1

所谓的诗意常常就是闪烁其词。它由阅读者一同完成。阅读者对诗意的含金量负有责任。

2

有些人已成功地忘怀日复一日的非教育作业。当她写作，她就找到自己最爱的表姐。这也是让人很惊奇的。哈扎拉尔认为，有些女子身上有树神、草神、花神，她们又合为一体成为自然女神，一个走得比较亲近的亲戚。谁又能视而不见，听而不闻呢？

3

纳博科夫喜欢这样的句式："让我客观地审视一下自己的恶习吧"。昨天晚上，我在自家的院子里第一次看到夜色中的龙眼树的翠叶是泛着银光的，在别的夜晚我没发现过。我记下来：2010 年 10 月 4 日的夜晚，一个无知的人以自己的肉眼发现了大自然的一个奇迹，因为在别的夜晚他几乎没有这么出神地注视过，他认定只有这个夜晚在他注视的那一刻，龙眼树的翠叶在夜色中闪烁着银光。我故意用一种武断的方式，就这样把这个夜晚据为己有。

4

很久以来，我一直为长着无数水果和蔬菜的院子担心，我越是喜爱它，越是觉得在不久以后的某一天我就可能失去它。因为爱总是很相似，而我又无从获得保罗·弗莱雷所说的"武装的爱"，我自己发明的句子是"爱是为了失去爱"。所有的土地从来没有属于我们——这句话更像一个令人同病相怜的事实，它为我们在某些时刻变得特别无所谓找到了一个理由。

5

我写字时遵循的一直是"不断自我偏离"这样的原则，我从不明白自己最终想说的，而心中又是怎样的情愫翻腾。有一些字一旦写出来，它便会呈现出一种就是"那样"的样子，这给了我勇气和自我折腾的信心，在"毫无意义"中我实现了对意义的确认、打磨和最后的反叛，所有的工作都有助于人的开窍，体力劳动更容易使人产生成就感，如果你写字，为安放每个字耗费心机，你就不大会对自己感到厌烦。

所有表面上故弄玄虚的文字，都隐藏着写作者无尽的自得。你可以据此得出一个结论：虚荣心正在创造着美，甚至那是最美丽的。

爱是从你身体内部打开的自由的花朵

1

我将很快再给你写信。

走在路上时，我想着这个句子。在所有作家那里，在手写信的时代，都说过类似的话语，这既是一种情感的表达方式，又是一个通道，我深信通过文字还是能够"逸出"自己生活表面的。我喜爱那些几乎要把所有的句子都写得婉转动人的写作者，他有足够的从容（当然这是毋庸置疑的，你何时见过慌不择路的写作者呢），他只对自己喜爱的世界如此倾力，他几乎要把这个世界变成了乌托邦——一个深爱的人，难道不是有点神秘吗？他所爱，他细细碎碎地对爱的探索，他在爱之前费心的，有时是无望的想象，他沉浸在爱之中既满足又为正在失去而产生的沮丧——写到这里，我脑海里闪过的居然是纳博科夫写作《说吧，记忆》时的形象，有些文字，不宜于像读故事一样快速浏览，它需要你读上三四行，或者一页就停顿下来，也回到自己的记忆之中，在心中开口说出自己。

2

　　我想着的是什么呢？在一个正在失去并不断失去的世界上，我们所要做的工作大概就是不抱希望，不存幻想，不必等待，我们更需要回到自己已有的生活，经历的，看见的，想象的，也借助于别人的眼睛和文字，共同构建更为神奇的世界，这一切更值得信赖，也比较可靠——一个能够回去的人，往往不容易失去自己的未来，因为未来从来就产生于过去之中。

3

　　我们寻求的所有的支持，就在这里。就从识字开始吧，"认识字有多好！"我说的当然是那些点燃了自己的火焰又在诱引着、形塑着我们的那些。哈扎拉尔固执地认为，如果你热爱艺术，无论音乐、舞蹈、造型艺术，还是所有的文学中的任何一种，总之，你在爱，深爱，你认出自己所爱，你就可以摆脱腐朽、呆滞、精神的木乃伊，你无论置身何处，爱就是从你身体内部打开的自由的花朵。

4

　　我又是根据什么写下这样的文字呢？我坐在安静的桌前，在我变回读者之前，我是不能写字的。

人性是这个世界最朴素、最有耐力的解决之道

1

有些日子非要写作不可。这不是计件工资，这是旁逸斜出，或者结巴的人站在窗前对过路的人做出招呼的姿势：我们必须现在见面。

2

哈，我和你开了一个玩笑，"我们必须现在见面"，我想过去这是属于里尔克的句子，不过我是在英格褒·巴赫曼写给保罗·策兰的信里读到的。有多少时刻，人们等待着八月过去了，然后是九月，然后是十月，然后，是"星期二：我又不知道该怎么办了。我到凌晨四点都还睡不着，想逼我自己继续写下去，然而，我却不能再碰这封信。最亲爱的保罗，如果你能在十一月底来就好了！我希望如此。我可以这样希望吗？我们必须现在见面"。

3

我不知道无数的"必须"是怎样从心底发出的，无数人发出，拒绝，再发出，聚合，等待，错过。总是有一个人先伸出手，他是那个握有先机的人，他更有勇气，他认为必须，"我们必须现在见面"。我想念着一个这样的邀请，我理解的世界总是一个偶然的，不时发出人性的吱吱呀呀声音的世界，我也不认为有什么非人性、反人性的力量能够最终统治着这个世界。我会说，所谓的人性有时就是这个世界最朴素、最有耐力的解决之道。

4

你看，至少当我谈到人性时，我已经有效地说服了自己继续保持对这个世界的信任，顺着这些信任你不是可以做很多事情吗？只要你想，无论你身处何地，从事着什么工作，你都可以通过取悦你的工作而使自己同样被取悦。

哈扎拉尔也曾经说过"当我沿着斜坡往下走时，我用脚底轻轻滑过鹅卵石，石头发出的声音也如儿童在清晨的笑声一般"，这样的描写大概也是我们经验的一部分。

某些词一直隐蔽地与恐惧联系在一起

1

哈扎拉尔说，在物质主义和功利主义盛行的时代，极权统治往往涂上了一层让你"忘记它存在"的色彩，那些所谓的思想者有不少也变得温和而又颓废，思想的机体日渐退化，文化存在的方式常常成为一种休闲的炫耀，它甚至也成为社会和谐的成果之一，"这是因为，思想还来不及产生一种与之相应的对峙和抵抗的方式，物质主义的极权统治具有一种腐蚀性，尤其在某种恐惧的紧张感消失之后"。

2

哈扎拉尔说："也许悲剧从来没有发生过，因为悲剧是否成为悲剧，不是由悲剧本身所决定的。"在一个有时突然激动起来的国家，更常见的状况却是忍受——当然它指的是你如果期许的某种"精神价值"，因为在物欲横流的社会似乎也有一种假象，好像精神已死，自由也丧失了基本的意义。这些都是对人的蔑视，都是对人担当、运用自己权利的践踏。物质主义和极权统治合流、共生的景象，使得个人对这个世界的责任普遍被漠视，思想者沉入无边的暗夜，他同时被俗世遗忘，乃至遗弃。

另一方面，恐惧和饥饿感是如此地需要补偿，人们似乎也更愿意听从身体的召唤，这种景况时常需要经历数代人才有所改变，自由是稀有之花。

3

某些词一直隐蔽地与恐惧联系在一起：统一、团结、高举、举措、同心同德、维稳、安定……此刻，我不再一一罗列。哈扎拉尔说，不是某些词有特殊的气息，而是恐惧在挑选它的词汇。甚至在我们阅读、听闻、写下，有可能就是念及时，恐惧也不放过你的神经，是恐惧在训练着更多的恐惧。

4

像我这个年龄的人仍时常生活在错觉和幻觉之中，这是一件不大美妙的事情。所谓的娱乐总是自我娱乐，我倒是熟悉了这样的门径，心里也为这样的生活而变得踏实了一点。

倾听站在智慧这一边

我的看家本领是耐心而能坚持

1

写好急就章需要巨大、独特的才华，我不具备这样的能力，我倒是愿意自己有蚂蚁一样的耐心，我的看家本领就是耐心而能坚持，历久弥坚，我乐观地意识到所有这样的用心终究会成为你品格的一部分。这正像哈扎拉尔所说的："大地的面貌既是一种造化，就其局部与细节而言，你又不能不说这是后天的功德。人的性格之中，最迷人又往往被普遍认可之处都在于，唯有经历自我觉醒而不断加以自觉强化的某些秉性，看似出自天然，实际上已历经无数用心的修饰。人之为人，恰在于这样自觉的人化。"哈扎拉尔显然更为重视人的自我教化，圆满的生命首先意味着在各种冲突和胶着中的自我平衡能力。

一个人可能因为他的独特才华而成为所谓的"成功者"，一个人也可能因为理解、接纳、善用自己的短处而独具光彩。

认识自我，或许就是所有难事之中最难的。

2

遇到无知、激烈、偏执或者蛮横的人，我大凡首先想的就是我是否就没有这样的麻烦。我极少对人动怒，大概这是一条比较重要的原因。我常希望自己温和而又坚定，基于某种精神的洁癖，我对这个世界的看法一直是稳定而又明确的，我是逃离者，是边缘状态的人，始终耻于参与任何体制内外的交易，不加入任何组织，不追求任何体制荣誉，不从工作中谋私利，一直是我的基本立场。

不过，正是因为这一切仅仅是一个人的立场，实在不宜以此为衡度他人的准绳，我宁愿生活在自责与自怨之中，在残缺中经营着属于自己的生命热情。

把对世界所有的审视也回归到自己时，你反而有了一份安静。

3

哈扎拉尔说："那些有趣之人，往往就是耐心于自己趣味的人，当然最终广泛的阅读总会使人变得明媚而有光泽，知识是一种自我照亮，同时免不了要惠及他人。"所谓的"不屈不挠的博学"，我更愿意把它首先看作自娱自惠。实际情况肯定要比这美妙得多，一个人不再那么受制于各种街谈巷议，不再那么轻易受愚弄，一个人能够持久地用心于一个对这个世界有助益性意义的工作，想必都值得称许。

甚至，有时候我会这样想，当统治着我们的力量，开始变得懦弱，无法强硬，越发无能时，这个世界可能真的松动了很多，松动就是一种变化。

一个人越老越应该"老不正经"

1

现在我已经不明白自己不停地写字的意义了，就是不停地写，把想象中哈扎拉尔要说的话，会作出的判断记录下来，并以哈扎拉尔的方式去看自己越来越窄的世界，我愿意这个世界越来越窄，窄到只有一颗心那么大，窄到除了自己呼吸之外，便不能感知这个世界。

2

昨天一位有志于营造新学校的朋友问我，想到教育首先会想到哪几个词。说话时在一个热闹的酒店，我说起话嗓门实在有点吃力。我说，首先是安全，很简单，你是把孩子送到一个学校去，而不是任何别的地方，然后是尊严，你是作为人在学校之中生活的，接着应该是自由。要不是吃饭的地方太吵，我一定还会接着说下去的。按照匈牙利作家凯尔泰斯·伊姆莱的观点，这全是废话。

所有的常识都是废话，但在没有常识，无法施行常识的地方，这些废话又变成了奇迹。因为奇迹不是轻易能让你看到的。

3

不时有人咨询我学校应该怎么办，几乎都是难以推脱的，你说说又何妨呢？继续热情地、满怀信心地等待奇迹吧。

4

你如果对自己的生命还有点好奇，其实总是会有奇迹造访你的。哈，这样的说辞也是似是而非，似非而是啊。

5

朋友赵赵有一次对我说，一个人越老越应该"老不正经"，我现在已经有点这样了。这种荣耀当然也不全属于老年人。昨天晚上我一直在想，其实要我说教育的目的是什么，我真是有点迷糊的，从哪里说起，怎样才说得？我们已经被区隔得很清楚，什么与你无关，什么是你必需的，如果你把这些"无关"与"必需"都看清楚了，你还能那么把自己当一回事吗？

真正的愚昧是我们并不知道自己的愚昧

1

"我认真地打量自己时，发现自己确实来自一个怀疑的行星，那里很多先哲的话语并没有注入我的脑袋熠熠发光，人性从很深、更深的地方开始毁灭，大部分人的心智都用于害人或者防范被害，我们说谎已经成为习惯，我们互不信任但极易屈服于任何的管制或者压力，总是抱怨，总是沮丧，每一天都仿佛再也无法继续下去——"这是哈扎拉尔 43 岁时写给友人信中的一个片段，他称自己为逃亡中的告密者，因为所有的文字都是内心的泄密，他总是正在向外作"报告"的一个人，而这些"报告"又能回收到什么反馈呢？"渐渐地，我也不抱希望了，所有的文字都像坠入了深渊，因为人是不可安慰的"。

2

你既不能安慰别人，你也无法得到安慰。哈扎拉尔说这样的句式很像是临终前的告白。大限当前，大多数人目光还是透出了平和与宁静，因为很多死亡都经历了漫长的自我准备。

3

一个极不安全的世界已经变得安全，因为我们无法查证是否安全，无从对不安全表达出恐慌与愤怒，我们已经遗忘了那些生活在更不安全的处境中的人们，渐渐地就连我们自己也接受了"我们不配享有"这类观念，一个人更难以从铺天盖地、不断持续的谎言中突然醒悟过来。

或许，我们更愿意相信谎言就是一种真实，我们暗中站在谎言这一边。因为谎言背后是恐惧和愚昧，一个人是很难正视恐惧的，而真正的愚昧则是我们并不知道自己的愚昧。

4

暴力、色情、黑暗……我们生存的若干个关键词，轻易地为一些事实所贯穿，我们从来不是等待转机的一群人，因为谁相信所谓的转机呢？"不相信"也是一种日益成熟的钝感力，一个复杂的世界就是你难以轻易作出判断和承诺的世界，哈扎拉尔说："在这里，你从来就是被侵犯的，无孔不出，真正的荒诞往往是不会让你产生荒诞感的，因为那就是生活。"

这是你必须接受的世界，而不是你愿意在的世界

1

有位做杂志的朋友要我描述一下最近的生活，我不知道"最近"到底有多近？如果是指现在这个月份，我的生活大部分时间是和哈扎拉尔待在一起的。到了秋天，他已经不再那么激奋，他耐心地和我絮絮叨叨人生的一些体验，他说得比较多的就是这个世界"本来应该是什么样子"。所谓本来的样子，其实就是我们不需要太复杂的能力就能感受到的善良、希望、梦想、安全、清洁、美丽等等，"这个世界所有的变化，是从我们丧失辨别能力开始的，不是我们不具备辨别的知识，而是你就是能辨别，你也不能生活在那个更简单、更好的世界里面了"。哈扎拉尔说："今天这个世界不断地在你身上'投资'、费力，就是为了你接受这个世界，既接受这些痛苦与灾难，又要接受这些痛苦和灾难都是这个世界的本质这类的谎言，不是你命不好，而是这些就是你的命。""真正让人丧气的还不是痛苦和灾难，而是你根本就没有通道去改变或改善这个世界，这是你必须接受的世界，而不是你愿意在的世界。""你还要相信自己的愚蠢、懦弱，相信由于愚蠢、懦弱引起的自我否定，同时去相信所谓的希望常常就在牢狱与顺从之间的选择，因此你总是对自己的良心犯了罪，

甚至只要你什么时候意识到有这样的问题，你心里肯定便要不舒坦，在窒息感中有一种无处宣泄的疯狂。"

2

哈扎拉尔说得比较好玩的事情是，他认识的一位老友，晚年信了上帝，和哈扎拉尔谈话时总是要以上帝代言人的身份说到"你现在还生活在世俗世界里，凡眼是看不到真相的"。

3

哈扎拉尔说，我常常总是跌跌撞撞地回到家中，为了更快地坐到那张书桌前，"我好像只有坐到那里才能对自己的灵魂开始有效的清算和洗涤，今天我必须作为一个阴郁的自视者，重新把自己的一生再看一遍，有时我是那么可耻，有时我又是那样无助，因为我发现当我拒绝无耻时，实在不知道该向谁求助，生命中有太多无法洗刷的耻辱，极少有人能摆脱这样的命运……我是生活在过去世界中的一个人，记忆成了我最真实最沉重的财富"。

4

历史的遗产是我们精神生活的一部分，我们的身体也已经成了历史的遗产，所有的承载物时常沉渣泛起。一个人向前看往往怯懦不安，往后看时则明白自己再也无法从阴影中走出，哈扎拉尔说："你看看那个人，就知道他是谁，他曾有怎样的生活，他就像一座埋着自己的坟。"

倾听站在智慧这一边

1

哈扎拉尔说：现在我既不清贫，也不乏味，大概可以做一个教师了。我们大多数人在还不明白自己怎么回事时，就做了教师，教师是要教学生的，可是最重要的不是教什么，而是怎么教。一个人如果不了解自己，他肯定做不好教师，因为他可能根本估计不了教的困难，经常是在烦乱焦躁中丧失了思考能力，会失去对广大思想的把握，会作为毫无趣味的人，望着自己甚至还不知道自己的失败到底在哪里。

理解自己，你才可能确定你所有工作真正的意义，你才会有美妙的体验，耐心和勇气才可能成为你有效的武器，这样的武器是非常重要的，因为在课堂上一直是师生之间一场多方位的"战争"。

2

教师可能是一个清贫的职业，但成为教师的人却不能太清贫，这样生计才不会成为日常之累，省去这方面的牵扯，才有更多气力可以用于工作。当然这是充满悖论的诉求，我只能说我现在适合做一个教师了。

3

无论做中学教师或小学教师都应该热爱倾听，要把这个品质作为一个追求，所有大德都是倾听者。热爱倾听的人才知道什么时候该说，说多少，什么时候最好保持沉默。倾听比观察更重要。倾听也是一种"民主"的品格，你很难想象独裁者"正在倾听"，喜爱倾听。倾听站在智慧这一边……

4

我从哈扎拉尔的文集中挑出这些句子，并非我都完全赞同他的观点，而是，这些絮絮叨叨还是让我有所触动。有些文字就是会使我们渴望到达这些文字曾经到达的地方，我们会从中建立自己的教育场景。

5

今天我告诉一位远方的朋友，福州终于也呈现出某种秋意了。我是那种写作经常联系着节气与温度的人。我是想，在不同的时令中，生命会体验到很多变化的情绪，我写下文字时，这样的情绪也就落在我的笔端了。

季节的轮回，我可能已经成为自己的重复者，不过，今天我突然明白那些凭空产生的文字也是对生活的某种冒犯。生活总是会因为你的所思所言而有某种不一样。

所谓的自由，也是我们对更积极生活的一种想象

1

长久地居住在某个地方，随着对周遭情况的日渐熟悉，心里日增一种可靠、放任的感觉，同时，很奇怪的是，笼罩在空气中的宰制文化，仿佛也呈现出一种若即若离的疏远感——我们从居家赋闲的状态中赢得了更多属于个人的自由：在内心默默运转、悄不出声的自由。成为沉默者，首先要生活在沉默的环境中，然后能够积极地理解思想的无意义，有耐心把无意义之事做得具有持续性，这或许就是沉默者的自我意义。注视，停顿下来沉思默想，利己而无害的写作，我知道，"这不是我期待的生活，而是我碰上的生活"。哈扎拉尔说："变软以后的宰制社会，大多数衣食无忧的思想者并不是变得唯利是图，而是变得有点像虫子一样，停留在某一片树叶上了。"

2

很多时候，我直接感受到的也不再是生活的逼仄难耐，无论起居、行走，或是进入你耳际的各种声音，所关联的都是缓慢的灰色的含混，

你不能不承认这个社会已进入了另一种状态，从普遍的恐惧、贫困、偏执、疯狂、禁锢，转向了更复杂而丰富的世界，我时而怀着迷惑，时而怀着震惊，时而怀着愤怒，时而又怀着不安与厌倦，我既看到自己生命中几乎难以改变的脆弱与不完整、不圆满，又多少能够心安理得地意识到从一个"发展"的角度看，这仍是一个已经改善了的社会。一个人的幸福和安宁，如果不树立更为挑剔的标准，很多时候大概也是有可能的。"我竟然仍活着，看来还算不错。"在这一段文字中我模仿某个作家的句子——我们确实需要更多的自由，但你得承认，所谓的自由，也是我们对更积极生活的一种想象。

3

今天（2010 年 10 月 17 日）是特殊的一天，尤其是到了中午 12：20，我一直等待着和一位从未谋面的朋友联系上，在这一刻我终于如愿以偿，听到她的声音我便释然了。（说起来原因很简单，她在自己的博客上留下了一些让人不安的绝望，各地的朋友都在寻找她。）我相信我们还是有足够的时间、心情去爱这个世界，爱自己，爱无数的人的。

秋风弥漫着福州城，这个海边的城市总是比较平静的。

真正流逝的是时间，而不是权力者的声音

1

我们到处都可以看到"大干 150 天，打好五大战役"这样的标语。第一次看到时，我非常迷惑，以为时光倒错。哈扎拉尔的观点是："真正流逝的是时间，而不是权力者的声音。"他说的是：有时我们易为各种"变化"心乱神迷，同时因为事过境迁，以为世道已变化云云，其实变化的仅仅是浮光掠影，那些已经扎根的权力机制与文化形态，始终未有太大的变动。我们常常生活在某种错觉之中。

2

前两天见到了杜十八，最近我们不常见面，他依然消瘦，极瘦，但显得活跃而热情，也许正因为不大"曝光"，每一次见面时他都有意不让大家太失望："对，我还是那个人，比你想象的要好一些。"

朋友们聚会时，交换的信息总会有这一条："今晚杜十八也会来。"想想看，这是多么有趣的情报。

3

我从哈扎拉尔说到杜十八，并不是要强调两个人之间有任何的关联，所有的关联都是想象。昨天晚上，在沉思默想之间，我得到了这样一个句子："在孤独中，我常把自己当成了另外一个人。"

4

哈扎拉尔想必也是慢性子的人，有一次他到海边度假时，写到对生活的感悟竟然是："一个快速变化的国家是最为可怕的！"现在我特别能理解他的感慨了。

有的人一生都在渴望着爱情，"爱是为了失去爱"

1

今晚不知道什么原因，竟很迟才睡。

想到一句某部电影里的台词："我决定每天早上醒过来就开始呼吸，然后一整天都忘了我还需要呼吸。"

一个人需要爱情时一定会喜欢这样的句子。

有的人一生都在渴望着爱情，"爱是为了失去爱"。

2

宁愿相信自己更善于在孤独中生活，相信困顿，无依无靠，有一天没有任何征兆就突然死掉了。哈扎拉尔也曾经这样渴望过，他说："只有莫名其妙的死亡才妙不可言。"他认为，窒息的空气是死亡的加速器。不过，那年他在海边度假时又感慨："一个人要是没有见过海鸥就死掉了，实在很可惜。"海鸥并不是摆渡死亡的鸟，哈扎拉尔一定喜爱在海上的飞翔。

3

其实我们的问题经常就是不要被苦难压倒，不要在夜晚感到绝望，不要眷恋死亡。

有时，某个特殊的时刻，我也会认为自己是磨血写字的人，每天活着就是为了写下几个字。

为了注视这世界上的某一个人，更多的一些人。

为了想到一些所见之物，可见之物。

为了想到常常不解的，漫长、令人绝望的愚蠢和贪婪。你一定知道我指的就是什么。

4

今天的教育越发复杂与沉重，问题完全不在于教育自身。今天所有的层出不穷的麻烦，早就可以断定这是事出必然，权力牢靠地绑架了属于人的尊严和幸福。我们即使低到尘土里，大概听到的还是自己屈辱的心跳。

5

夜很深时，坐在书桌前，在家的异乡人的感觉也并不奇怪。

6

今天我和谁谈到了多余人，"多余的知识分子"大概仍可以作为一个思考的主题，我说的不是这一点。汉娜·阿伦特认为，所有的写作的动机只有一个：要理解什么。我说的正是因为我不能理解什么，我才对写作乐此不疲。

7

英国作家伊·卡内蒂曾写下这样的句子："应当不带抱怨地写下人生"。不过他接着又怀疑是否能做到这一点，我想的倒是另外一种希望，"在他的身上留下岁月无数的痕迹，不过它们不但不损毁他的仪表，而且都成了生命意义的一部分，熠熠有光泽"。

童年成长不好的人，往往一生都在自责和感叹

1

我一直乐于进行自我的精神分析，大概很多人也在做，我不过把每个人普遍做的事付诸文字，这样我就显得格外自恋了。同时，在这样的自恋中，更多的仍是对自己的苛责，正像哈扎拉尔说的："一个童年成长不好的人，往往一生都乐于自责和感叹，仿佛生命可以重新开始似的。"当然，重新开始已经不可能，作为一个人其实根本用不着"一直在改变"，人就像树一样，不管生成什么样子，都是一棵树，树也有自己的面相和宿命。人渴望着自我改变，但认识生命中的一点点真相，可能更重要。认识这个世界哪怕再微小的一点点"可能与不可能"应该也更重要。

2

谈到今天的教育，马上就会心情沉重起来。其实大多数教师在对待学生、对待工作、对待自己的身份时，如果能够意识到现在已经进入 21 世纪的第二个十年，意识到今天的世界已经有哪些影响到我们每一个人的变化，是否我们就更适合做今天的教师？我是说，一方面"政治格局、

经济地位、旧有文化"在左右着我们的行事习惯、表现能力，另一方面，这个世界可能已经变得太复杂、太魔幻、太快速，什么样的思想意识，哪些知识，哪些学习方法，对总是远比我们年轻的学生更为重要？教师是要有时间感的人，不单是指什么时候到校、上课，上多长时间的课，在每节课中怎么处理时间的分配问题等等，这些都成了工作习惯和常识，更重要的时间感也就是历史感。

3

基础教育最重要的工作都是面向未来的，所有的学生都是成长中的人，教师因此首先需要有价值判断力，教师不一定都能拥有开放的价值视野，但教师应该具有最基本的自我审视能力，知道克制和谨慎，教师是启迪、引导学生去探索与发现的人。

也许一个国家能够变得更为美好，最需要的也就是这些在课堂上点燃未来希望的人。一个民族的创造力都源于中小学课堂引导什么，怎么引导。如果中小学教师厌倦自己的工作，精神困顿、心灵窒息，这个国家就一定有大麻烦了。教育的危机就是国家的危机，理解教育、理解未来大概都可以从这里开始。

在书桌前、讲台上做着白日梦的多余人

1

那天有人很认真地问我：哈扎拉尔和洛扎诺夫到底有什么关系？这是我没有想过的问题。至少就我而言，两者之间还是有关联的。我的教育随笔或者也可以叫作其他的什么随笔，开始落笔之时是深受洛扎诺夫这位俄罗斯白银时代作家启发的，他对我最大的意义就是"你可以这样写"。这一点我在我的第一本教育随笔《唇舌的授权》中已作出了认真交代。这些年我大概一直是这样做的，我找到了自己的笔法、情调、趣味、轻重缓急和明暗对比。

有一段时间，我也比较注意那些受到过洛扎诺夫影响的作家，我凭着自己的嗅觉，嗅出了他们独特的气息。每一个重要的作家都有自己的谱系或者隶属于某个谱系，这也许就是一件美妙的事情。

2

我发现哈扎拉尔则是近两年的事，正因为我自我培植出一种源自洛扎诺夫的嗅觉，这样的发现就顺理成章了。同时，东欧及前南地区的某些作家一直是我特别热爱的，他们发自黑暗之中的声音，一直在帮助我看到自己的生活，理解曲折、充满悖论的生存处境——总是会有一个人成为你所爱，总会有越来越多爱你的人和你在一起。你也总是可以通过这个人去看原来看不到、看不明白的生活，这个人即是唯一的，符合想象的，又是所有你喜爱的人的综合。

3

很多时候，我除了谈自己，几乎什么事也没做。正因为这也是一种生活方式，一种工作方式，我成了一个耐心的饶舌者，一个坐在书桌前、讲台上做着白日梦的多余人。

4

哈扎拉尔生活的国家现在已不复存在，正像他所说的那样："很多人希望我消失，现在总算如愿了，我就像没有存在过一样。"不过，只要还有文字活着，某些可能并没有生效过的思想，也就能够继续存在。乐观地说，某些思想就是存在。

5

我发现人到中年后，日渐陷入一种单调的阅读，不是广泛涉猎，而是越来越专一于自己日积月累之所爱，好像那是一个洞穴，你终将不由自主地成为穴居的动物，你具有的就是自己的精神，正像里尔克说的那样："它安静地扩展它的根，那些根环绕着事物后面的神，那里十分温暖却又昏暗。"

就是深深的忧伤

生命中最难以医治的

我们生活在一个"真的"荒诞的世界上

1

我们生活在一个"真的"荒诞的世界上。即使像布罗茨基似的天才也只能理解这世界的一部分，时光之旅把我们无限地推扩到最尖锐的感知之中，又浑然不知。

我就是不断地落笔，情绪像老鼠一样窸窸窣窣，一直，一直。

2

你不可能不合时宜地继续思考着这个社会的悲剧所在，它越发显现出来的内在崩溃和无以复加的贪婪，以及由此形成的巨大恐慌，都在我们原先的经验世界之外。哈扎拉尔曾经说，他感受到的最大的绝望并不来自强权，而是无望而产生的思想的真空，令人难以置信、头晕目眩的空洞背后连带着对亲历和经验的否定。他时时像修补漏洞的人，每修补一个就意味着有更多的漏洞出现，在这让人目瞪口呆的罪恶世界里，他几乎再也难以作出任何肯定的判断，因为罪恶的高级形式就是化有形为无形，像空气一样弥漫于所有的空间。这是一种日常化的荒诞。"是的，一切都连带着搅动，由搅动产生的动感，也是一种幻觉。"

3

我常想，如果是哈扎拉尔会怎么想呢？哈维尔又是怎么想的？只有我的朋友杜十八，我不用考虑他，他什么都不想，他会说真的是这样啊！

"泪水的教育学"

1

一个教师不可能有太大的成就，用成就来界定教师的工作几乎是比较粗暴的。教师不是替父母改变儿童智力的人，教师也不大可能将家庭形塑的"半成品"重新改造。教师有很多怨言，这样的抱怨是他命运的一部分，因为他就是接受者，在接受的基础上尽可能地顺其自然——这样的企图其实就是扬善就正，这是一件不容易很快看到成效的工作。如果没有对学生进行诸多区分，教育工作的难度一定大得多，教师的能力也因此会大很多，不过无论怎么说，哪怕面对的只是一个成长中的人，也同样是很难的事，知晓这样的困难，反而有助于变得不易沮丧。

2

在一个被规训的社会，教师工作的困难还在于你不是在做一件纯粹的事，你很难在教育的正道上做一件事，强力的所有要求都是具体的要求，它不断派出各种各样的威胁，它会使你的生活变得不真实，你不知道自己站在哪一边，你不知道自己是因为怎样的理由而重视自己的工作。

同时，没有任何的控制和欺骗不是针对师生两个群体的，教师遭遇着双重的打击。

如果继续思考，你还会发现这样的教育格局对欢乐与希望都具有排斥性。

3

有时渴望着发出哀鸣之声，有时希望内心有一种死一般的沉静。

对教育的言说总是像重复的呓语。虚空使自己成为一个幸存者。

不过，你就是发出教育已死的哀告又有何益，你看到的其实首先是强权对教育近乎凌迟般的全面侵犯，如此严峻的状况有时是公然进行的，有时又悄无声息，它已经成为一种教育生活，说它是生活，是因为我们实在找不出对如此日常化、常态化的教育伤害有一个恰当的描述，软弱、无助的抗议与不平之声，汇成了"泪水的教育学"。你不明白出路究竟在哪里，你竟只能乞求于"死人哲学"——时间淘汰一代又一代强人的罪责，时间最终可能软化极端社会的坚冰。这是怎样的期待呢？难道它真的产生过善果吗？

大概，所有的面对，就具体的人而言，都是未完成的工作。一切仅仅为了更好忍受一些。

4

"我带着厌恶阅读自己的生活。"这是普希金的句子。

我带着厌恶和不安阅读自己的教育生活。

恰当的句子总是带着"自己"，一个被剖开并被否定的词。

旧词总是更值得信赖

1

有时候渴望能写下一些结结巴巴的文字，可是怎么才能做到这一点呢？

那天在青岛开发区第三中学，我告诉年轻的教师们，希望大家有耐心接受我边思考边表达的风格：有时会有停顿，有时不太连贯。我说：你们相信我是真诚的，太流畅了反而有点麻烦。

有位记者评述布罗茨基的英语诗朗诵："在他那结结巴巴的絮语中，一切都变成了悼词和哭诉。"大概我想的也是这个意思，讲教育，讲着讲着就会变得结结巴巴。

2

我看到诗人奥登晚年的照片，想到这是一张什么都作好准备的脸。所谓的准备是否就是承担一切？

3

我在田野上，确切地说，在一个山坡的桔园里，看到了土地灿烂的好感，当我们谈收成、年景时，我们对"奉献"这个词也有了更多的尊重。

4

时常，我们要盯着一个又一个词反复地看。不过在桔园里，"桔"仍是一个可靠的旧词。

旧词总是更值得信赖。

在桔园里忍不住给朋友发了刚拍下的照片。后来我写下了一个句子：满树满树，灿烂至极，桔子总是意味着最好的收成，最诚恳的祝福。既喜欢它美而朴素，也会想到丽人，用美行善，用甜使人眷恋。

5

卡尔维诺说：词把可见的踪迹和不可见的物、不在场的物、欲求或者惧怕的物联系了起来，像深渊上架起的一道细弱的紧急时刻使用的桥一样。

6

其实在卡尔维诺如此繁复与谨慎的表达之中，词发出的是微弱而又不确切的信息，正如我们对每一个词不断深究下去，我们终将不知它真切的意味到底是什么样。

7

晚上从医院看望病人回来，想到里尔克说的，我们每个人身体中都孕育着死，它每天都在长大。

在医院里，一个人很自然知道有死的生命到底意味着什么。想到死，总是会想到自己怎样活向死亡的那一天。

8

又突然想到昨天在桔园里少白告诉我的，老家那边有一位教师在学校教学楼悬梁自尽，还有一个因为上了公开课，听了评课之后就疯了。

9

晚上看了燕脂博客，她的文字《忙碌之外》，也让我喘不过气起来。

我只能在这儿坐一小会儿，晚上八点半的时候，我还有事要离开。

我要忙的事儿并不复杂。下着小雨，天气微有些寒意。我须得穿过泥泞的街道，走到不远处的学校里去。学生应该就寝了，我要去清点人数。这是例行公事。天天如此。周周如此。年年如此。

工作很认真，管理很规范。这是领导们渴望看到的。他们约束我们的唯一法宝就是签到，罚款。我们没有钱，所以很害怕罚款。私下里，我们议论说，这是领导无能的表现。自杀的终于死了，活着的更胆小了。签更多的到，意味着会留下大量纸质的"证据"，各处室的领导需要这个来证明他们开展过这样那样的工作，为将来可能出现的漏洞卸责。

所以，我们会每天在各种各样各个部门的表册上签下自己的名字，早操，学生出勤报告单，课间操，眼保健操，自习出勤表，学生就寝督促表……于是让我们产生了一种错觉，工作并不是最重要的，签到才是实质。

我好像随时都很忙碌。不知从什么时候开始，我们除了早、晚自习，中午也必须到教室了。守着学生做作业，或是睡午觉。我以为只有我们初三的班主任才如此，可是有好些天，隔壁初二的教室里，中午居然传来老师讲课的声音。我禁不住愤怒起来了。老师很可怜，连中午也必须"站岗"。学生更可怜。完全违背教学时间和教学规律的灌输，让这个校园已经没有了活力。学生下课的时候都显得十分安静。他们急急地跑到厕所里去。

同时她的文字中还有一种可怕的"确切性"：她的"每天"。在"每天"之中，显而易见地我们看到了教育的真相，看到了奔走的、既是仓促又是"准确"的教育中的活物，连同它的全部的现场感和荒诞感。

"我一向致力于减少沉重感"

1

我深切地领会到教师的工作与轻盈、从容、自如几乎没有关系，不是说在那些优秀的教师身上看不到这些美好的特质，而是，我不得不说，就具体的工作而言，教育更多地让人想到沉重、笨拙和各种复杂的困难。在教学过程中所要追求的也不是轻盈、从容、自如这些诗意的特质，常常诗在这里也显得不真实，有时，与其追求诗意，倒不如说你直接写诗好了。像小说家卡尔维诺说的："我一向致力于减少沉重感"，大概这更像是一个成熟的教师所发出的感叹。一个教师如果显得匆忙、焦躁，你大可不必讽刺他，我知道这是教师免不了的生存状态，一个教师受到了挫折、心灵的伤害，感到无所适从，看不到前景，我们应该对他怀抱同情，这不是一个人的命运，也不全然就是一个人的失败。如果一个国家不爱惜教师的身体与荣誉，不尊重他的工作对心灵的特殊要求，不能理解他的工作的效果难以进行直观、近距离的检测，不能容忍教育工作本身的有限性，同时又要在教育与教师身上寄寓对未来不切实际的狂妄，并通过巧妙、不道德的方式转嫁社会矛盾与积怨，使教育背负各种难堪与恶名，头皮发麻又毫无生机，找不到发展与进步的头绪——这让我无时无刻都意识到现实的沉重、荒诞和费解，你根本就找不到任何可以逃脱的出口。

2

今天任何一位教师，都再也不可能专心致志地教书了，我说的当然是指教学作为一门古老的技艺本身，学校里再也不会有一张安静的讲台了，教师日渐"教奴化"，是教育最大的危险所在。在人人受到威胁，找不到出路，不断变得被动与沮丧的一个"石化"社会，谈论教育很容易变成仅仅谈论社会问题，谈论体制对人的钳制，或者谈论的就是窒息本身。教育如何转化沉重，寻找挣脱的力量？又如何把无限扩张的日常俗务转变为自我精神的探险？对所有生存状况苦涩的认同，把这一切看作命运不可回避的一部分，在这样被淹没、深度板结之后，你不可能逃进梦境——每天早上醒过来甚至来不及抓一下自己的头发，看看是否还在梦中——这不是真正的出路。我能够思考的总是，我们需要另一种逻辑，另一种"认知和检验的方式"，另一种对自我存在理由的肯定，"受难文化"不能解决这些问题。

成功恰恰可能是"努力追求"所得到的最坏的后果

1

哈扎拉尔说，只有那些庄严的大鸟，每一次的飞翔才像是对大地的巡视，它从容的姿态之中有一种因为专注而获得的崇高感，其实它根本就不像在飞翔，所凭借的也不是空气的浮力，空气仿佛不存在一般——它所喜爱的一切秘而不宣，它全部的爱也都是未完成的。作为凡人的肉眼又如何有耐心，有足够的识别力跟随这样来自天空的不可思议的一幕幕呢？天空倒映到人心灵之中的，与其说是幻影，不如说只是观念之物。哈扎拉尔说，当他说到"可能"时，即意味着不可能，只不过他说的是一个结果，一个事实，而不是因为在不确定的期待中引起的沮丧。因此只有这些消极的、模糊的词，符合我对自己的观察，我什么都没看到。

2

让哈扎拉尔颇为感慨的是，任何一个不幸的人，都像受过诅咒一般。而有时一个人努力追求成功，可是他一旦成功，即变得不成功。成功恰恰可能是"努力追求"所得到的最坏的后果。成功败坏了生命和生活自然的形态。

3

还有另外一种情况则是，你即使认为是在行善，你也不可能都得到肯定。不过，即使都是负面的信息，也不见得就只有一种坏的结果。

比哈维尔时代更复杂的是网络、经济开放性、人与人更多维的交往等等构成的世界的新异性，因此一个人如何从眼花缭乱与纷繁复杂中取得颖悟，同时找到生命的定力变得越来越困难，这样的困难是不可估量的。

生命的逻辑常常隐藏在生命的最深处，对一个成熟的生命而言，很多发生过一次的事件，时常会在生命中反复发生，因为任何一个事件都很难是孤立与偶然的，甚至理智也控制不了生命自己的惯性，人性的悲剧大多时候就发生在这里。

4

还有一点就是，所谓"很多发生过一次的事件"，还会在不同的生命场域中同样重复地发生。你会觉得是生命自身喜欢这样的不断、不时、持续、重复、看似相异，其实并没有多大不同。生命中的冒险不见得就是对生活的犯难，每个人都不可能挑战自己，冲动、冲突、尝试、突破禁忌，无论多么夸张，人还是在自己的内心找到了依据。

5

赫塔·米勒有一个诗意、恰切的句子：贫穷在大地上沉睡。这样的句子告诉你的并非简单的事实，如一个果实，不是，它既是什么都没说，又引起了你对某些事实的联想。词控制了人的想象力。词在那里，生活也就呈现在那里。

有时，你会看到从一个地方走出来的并无亲密血缘的两个人，如此惊人地相像，尤其是他们无声地注视着同一个方向、同一个事物时。没有什么可以让人感到意外的，根本就用不着去揭示相像背后的秘密——我突然想到，你问过我这样的事情，我曾经怎么回答过，真的记不起来了。

城市里再也没有人为爱而死，城市变得很平静，像个等待提早退休的中年人。再也不会看到任何疯狂的，仿佛是一种疾病的浪漫了，赫塔·米勒也只能写道：贫穷在大地上沉睡。

6

哈扎拉尔作为一个男性作家，曾经为自己不再惧怕丢脸而受到困扰，"是的，不害怕丢脸，自从我发现这一点后，我就不再丢脸了"。他说他的困扰是：这是不值得强调与显示的，我把自己过成了另外一个人。博尔赫斯笔下的另一个博尔赫斯，以及很多作家都写的，自己是另一个人。

哈扎拉尔说，当一个作家用了笔名，往往都会有一种放松感。笔名等于替换。最好用上一打笔名，你就彻底地解放了自己。

7

哈扎拉尔还发现，这样的放松之中，有一种来自自己身上奇怪的自恋，你爱的好像是另一个人，就像一个人爱上了镜子之中的自己。

我在乡下时，曾看到一只鸟喜欢上了镜子中的另一只，它一天都在镜子前呼唤着它，它是那么忙碌，令人心疼。后来我竟也希望在镜子中真有另外的鸟。

8

有一次，我和一位原先彼此完全不相识，第一次在某个网络上打招呼他就叫我兄长的朋友，畅谈过某个有趣的问题，其实就是哈扎拉尔这个人。他说他寻找过哈扎拉尔的足迹，我说哈扎拉尔使我变得聪明、直率了一点。我说一个人能够实话实说时，就会产生一种自己不欺骗自己的诚实感，同时，这样的诚实感激发了人的灵性，人因此而明亮活泼了许多。

9

无须我多说什么，有一段时间我喜爱的人就是哈扎拉尔，我把对他的喜爱变成某种意义上的精神探寻，他使我理解，当我每晚安静地坐到桌子之前时，生活无论有什么样的困难，我都能承受。至少我一直这样承受着，我不为生活作任何辩解，我也克服任何要作出辩解的冲动，大概是我让这另一个人就在时间构成的光影中不停地浮现，面容依稀。

10

也是哈扎拉尔使我更加确定，我们身体之中承载着无数人的观念、灵魂、声音、经验，甚至在这个城市的某个角落，哈扎拉尔就占据着我的位置。我这样想时，身体也得到了一种浮力，有了一种对飞翔的等待。即使更大的困难还会到来，我也对自己说，困难已经过去了，当它再到来时，则是别的困难。

人总是希望自己能够有力地向前跃动

1

有一天下午，哈扎拉尔一直观察对面大楼里一间大办公室里的男人，他几个小时几乎没有动过，就坐在沙发上发呆。他肥胖、专注，脸的轮廓模糊，没有拉上窗帘的玻璃窗太明净了，他就像坐在你眼前一样，虽然那张脸因为过分的肥胖变得模糊。哈扎拉尔先是有些探究的好奇，"他总该动一动吧？"他一边窥看一边对窗那边的人发出了无声的祈求。可是他慢慢就对此失去了耐心。似乎不动才是这个人的真相，哈扎拉尔不禁会这样想。

当哈扎拉尔出去忙别的事情时，突然感到很开心，因为很多的好奇之中往往有一种简单而又直接的愚蠢，他自己也感受到了。

2

人总是希望自己能够有力地向前跃动，不过，哈扎拉尔说，即使你跃动得再快，你也不可能变成另外一个人，你变得再老，你还是同一个自己。人的麻烦大概就在这里，有位朋友也曾对哈扎拉尔感慨过，他说：

"我感到痛苦的是，我活过了 50 岁，还是经不起别人的批评，我害怕那些批评，不管对错，我都很紧张、焦虑，因为我所受的一直是紧张文化的教育，我的身体有个紧张的机制，很容易发动起来。"

3

哈扎拉尔在他的专著《反人性的教育最有利于国王》中，曾经写道：你只要稍加观察就会发现，国王又赢得了对下一代的争夺。这些孩子每日睡眠不足，目光呆滞，紧张得像小白鼠，几乎忘记了自己的世界中还有天空与大地，自己的生命中还有闲暇和飞翔，他们热衷于做题，相互比赛考试成绩，把失败看成是罪恶，把做白日梦当作盗窃，被宰制在唯一的通道上，耗尽所有的精血与勇气，谁都可以想象得到，他们已经被捕获——要捕获他们实在不费吹灰之力。

4

哈扎拉尔认为自己从严格意义上说，并不是什么悲观主义者，他所看待的现实，并非经过他的评述，才变得消极起来。他说：我说的也不过就是一个常态，由来已久，日甚一日，看不出有太大的不同，在惯性中发展总是加速度，从综合指标看情况在恶化，从一代又一代人的承受力而言，人变得更绝望、更能吃苦。认命与挣扎，夺走了人对变化的期望。当然也不见得在这样常态化的生活之中，有多少人撑不下去。偶尔也会有天才人物出现，稀少得如同荒漠中的大树，令人惊叹，甚至产生某种乐观。可是如果人都是以自身为度量，所谓的天才又干你何事呢，普遍的好转真不是一个可以讨论的话题。

5

有一个教师曾询问过哈扎拉尔："那么你的研究与努力又有什么意义呢？"哈扎拉尔说：我害怕的就是这类话题，它打击的不是我工作的价值，而是整个生命的意义，是啊，今天再说知其不可而为之，多少有点底气不足，而且这样的话语总有狂妄与某种对功名的贪图涵泳其中，我已经决然全无这样的情绪。我做的事情不过是让人更能承受，更有勇气，更清楚自己的处境，即使一切都在恶化，我们也能凭着毅力和自明而活下来。

所谓的意义就是人对自己的发现，人不见得能够改变世道，尤其是在个人生命的长度中改变世道。所有的用心都有成效，自明不等于改善，但它有助于对自己的守持。

6

然而所谓的守持又是什么呢？人生在不同阶段思量的目标往往大相径庭，一个人 40 岁之后，仍是人生的壮年，不少人都已渐渐消隐自己，因为这是一个把不明白一步步看明白的年龄，是把期许和奋斗的热情逐步转化为失落和无力的年龄。哈扎拉尔曾说：当我回到乡间，听见此起彼伏的犬吠之鸣，我就知道我确实已经回来了，回到自我纠偏和静默之中，渐次放下重负。生命既高贵，又卑贱如草，最后又需要草一般柔韧、自爱、需求甚少。

7

重复、重复、重复，"一个词、名字。然后又一个词，又一个，又一个。时间被打捞上来，像是寂静与变化之间的脉搏。向晚。这些即将失去的正成为记忆"（路易斯·格丽克语）。

记忆的价值首先就在记忆之中，它是属于每一个人的，每一个珍视者。

现在我似乎要问哈扎拉尔先生了：我对你的记忆的记录，是否还要继续？

任何一个人的命运之中都包含了无尽的弹性

1

一边读哈扎拉尔似是而非的呓语，一边把余世存的《老子传》看完，在这本书的作者简介中，余世存强调了自己诗人的身份，这让我有种喜悦。也许很快在我貌似光头的大脑壳中闪现出来的也是老子的"贵言、希言、无言"，复归于婴儿，复归于静默，无之类。呜呼！

2

在哈扎拉尔与老子之间有一种微妙的张力。哈扎拉尔说："让我屈服的不是岁月，而是权力、疼痛、无路可走。"老子则在"鸡犬之声相闻，老死不相往来"之中找到自己生命自然的气息。"我必须逗留下去，在我醒来之时，我能从听筒的另一头听到自己。"这样的话语当然是我留给自己的游戏之词。

3

任何一个人的命运之中都包含了无尽的弹性。命运是一个轮廓，无论怎么填充你的色彩、分量、生命的曲折线都已在命运之中。有时，是那些好奇心，使得自我观看变成一种对生命的旁观，你好像向道路两旁逸出去一下：只有极端的天才，似乎没有环顾过自己，他只是一路任凭直觉而走到底，同时他是以燃烧的加速度的方式快速自我湮灭的，灿烂犹如彗星。而识别一个诗人，或许就是识别他被诅咒的命运吧，同时你几乎无法从近旁去认识的，他可能会出现在你的视线之中，但他的命运却在你的视野之外。

4

我似乎也愿意在一个新的年份到来之前，暂时停下自己的记录。我跟随着从空气中捕捉到的声音很久，时而狂乱，时而安静，时而愚钝，时而又若有所悟。我并不是要成为一个明白人，寓居在一些动荡、含混的词语之中，我无非要从各种困难中对自己有所领悟。大道在哪里？余世存写的句子是"老子走一路看一路，心里有一种莫名的感伤"。

生命中最难以医治的就是深深的忧伤

1

哈扎拉尔说：王尔德曾写道——"认识你自己这句话被写在古代世界的入口处，在新世界的入口处，应该写下'做你自己'"。而今天，处于壮年状态的世界，大概更适于写下"接纳你自己"。如果从一个人的生命历程而言，幼年时，最重要的任务就是"认识你自己"，当然这样的任务也会延续一生；到了青年时代，则应该致力于"做你自己"；壮年之后，人生的要务想必转向了"接纳你自己"，接纳既是认同、顺命，也是自我宽宥；晚年之后，顺天承命、喜乐自处就是最好的状态了。

在匮乏和恐惧之中长大的人们对世界总是抱有更多希望与幻想，这都同时带来了怨恨和不知餍足，一个人也更难于在逆境中行善与独力自处。对大多数人而言，认识你自己根本就是难以展开的工作。生命的奇特还在于一个人既受学识、理解力和经验的影响，同时生命自身更错综复杂、更隐秘的逻辑，同样有力地支配甚至控制着一个人，人很难以自知，更难以退回自身，静听生命内在的音律，并从根本处调整、改善自己。人一生都为生命的破碎、失衡、难以自足所苦。

哈扎拉尔为此又写道：我生命中最难以医治的就是深深的忧伤，不是我不爱、不能喜乐，而是时常是忧伤控制着我，这是我的病了。忧伤帮助我把怜悯与自责都变得更为真切。

2

几乎每个人，始终"绝对是未完成式的现有状态"，这使人沮丧还是令人惊喜，其实倒是我们用不着太过忧心的问题，人类根本就不可能达到完善与完美的境界，人的存在就意味着欠缺。哈扎拉尔说，我们不必为人自身的缺陷负责，但令人难过的则是，人原是可以更好地发展自己的，可是好的脑袋毁于牢狱与恐惧，或者无所作为的无聊，而没有学习能力的人都被送去教书了。如果我要说到今天，我渐渐把对社会的忧患都收回自身，社会变坏，不断加快恶化，麻烦也在每一个人身上，在"我"上。一个人无法为出身、出身的时代、童年所受到的教育负责，但是这样的"无法"也是人的罪业之一，人因此更方便地参与到恶之中了，人是自己不堪的果实。

3

王尔德叹喟过，唯一美丽的事物就是与我们无关的事物。与人类各种需要深切的相关性，使艺术受到扭曲，变得鄙俗。从这个意义上也可以看到，凡是人类的利益严重染指的领域，基本上都丧失了改善和向善的可能性，人类原是无可改良的，其力量是从自己的反面迸发出来的。这是人人皆知的最大的悲剧。同时并不坏的是，这也是人类的乐趣和生趣之所在，人类从各种狂欢和病痛中找到了治疗自己的方式。社会发展的逻辑差不多都是这样。

4

沉溺于幻想之中的人无所事事、于事无补，说出真相的人令人生厌，也丧失了自身的行动力，无知和盲目常常也是各种"发展"的助力器。哪怕是一个所谓的成熟社会，看起来它不受偶然性和愚蠢左右，但是人类的理性是否真的那么可靠，则完全是另一回事。我们在贫乏、恐惧、无望中生活太久了，我们生活的目的性反而变得太强。我们最大的渴望就是改变，最难做到的事情就是接纳，最缺乏耐心的事情就是耐心本身。不过即便如此，也还不是最坏的，人类究竟能够继续生存，并不断有所变化——常常就是那样，一直要到我们看见了某个事实，我们才能真正有所看见，当然从中能够获得的也就是常识而已。

5

我时不时陷溺其中的就是这样漫无边际的自我推问，我的乐趣似乎也在于推问本身，我越来越少于去寻找答案，去构思结果。哈扎拉尔说，对某些人而言，精神的怪癖是不需要治疗的，尽管让它发作好了，发作本身就是一种治疗。我深信这样可靠的救治，也许包括对人的信任感，都端赖于我的自我倾诉与独处。我是这样适合成为人类的一员，无害、有缺陷的一分子，你最好在大多数时间忘了我吧。

有一小部分人的麻烦和我极为相似，我们都适于去热爱问题本身，也适于在负重感中生活，正像里尔克所强调的那样，所有"分内的事都很难"。我对自己的用心在很多情况下还是信任的，有些事并不能完成得更好，我从这样的"不好"之中找到了规律，我只是为了生命的无能与无力感而原谅了自己。

　　一个人自我认识，也许都要通过时间的望远镜才能达成。可这样的望远镜又在哪里呢？

把爱恋都投注在静默之中

1

所谓的展开，是朝向深渊的，正如策兰所说的"无论谁以他的头倒立着走，就会看到天空是在他下面的，是一个深渊"。展开——一种想象和凝视投向无限的虚空——哪怕你就是理解成仰望，也是这样，那里都是敬畏和绝望之所在。有时，我不过逃逸出去一下，我不过迷失在那里，所谓回到每一个事物，照见自己的本心——所谓一个人的命运，也是在展开中朝向最终的不合时宜的。

2

有时仍把爱恋都投注在静默之中，仿佛要在每一个词中同样紧缩、加密，收缩得透不过气来——我要用暗语、紧缩语、咒语和密码来编织自己思想的波动，因为在深渊的深处是我写给自己的暗哑的句子。它不是用来阅读的，而是用于呈现生命最根本的缺陷的。

3

只有诗刺穿一个人的多重生活，不合时宜和忧伤。

4

凝视的目光无论朝向哪里，都是一种自我凝视。

人怎么活过，过了每分每秒，无法丢失的都是对自己真实的存在感，确切地说，当天光和目光都暗淡之时，我敏感的是自己低语。所谓的存在确实是一种负担。

5

总是无法清晰、确定、满是自信那样地对待自己的生活，我无论读书还是记录，就为了缠绕着关于生命各种复杂的情绪。这是"一种职业性"，一种自我派定的无法解开的心结，在文字中形成值得信赖的思考，获得另一种只存在于虚空之中的生活，释放呼吸，自由，像烟一样呈现在空气之中。

没有任何的回答和预见性，没有可分享的空隙。

6

有些文字，纯粹是为了表明我们在生活中所犯的错误。

被记录在案的这些字迹又像是对自己的供词。

有些心绪被释放之后，你就获得了一种回家的艺术。

是的，关于足迹、措词、路径、气温、凝视、呼吸……天光之下你看见自己的艺术。

通过可靠的字迹，我们将要与自己相遇

1

我从未来的世纪给你写的信，也像是从深渊往上冒的一两个水泡。

当我面对着一张白纸时，能够信赖的不就是这样的一两个水泡吗？

哈扎拉尔曾说，通过可靠的字迹，我们将要与自己相遇。这是对自己的勉励，也是信心之辞。"现在，我不是寻找出路"，这是确切的自我认识，由来已久，我也失去了所有可凭借的，我说的是语言，每一天都是新的一天，每一个字都将是一个问题。

2

谁找到所谓的道路之时，谁就忘了自己。

忘了沉重感，无意义，忧伤，自我缠绕……

道路能够把幻觉也带到远处。人从中找到仿佛是归宿的安慰。走到尽头，要通过一条道路来实现。人对自己很多的疑问好像也因此变得没有依据。

人的一生都在找寻某些信赖、依托、确证。

3

沉静在一笔一画之中。用最缓慢的方式和自己心爱的文字相伴。
只有这样看似徒劳无益的方式，能够使一颗躁动的心得到平复。

4

我坐在乡下的院子中，注视着天空的旅行者，我数不清它们的数字。
我只是把这样的疑惑记录了一下。

5

有人告诉过我。有人对我说话。有人，总是有人。哈扎拉尔说，你
用最理智的等候，得到最疯狂的自我款待。

6

你越沉静其中，就越像你自己所期待的那个人。

就是和诗的相遇

这一生最幸运的事

"活着的痛苦，必须用欢乐来刺痛"

1

我们总是更信赖那些文字，因为它是幻景，一直就是。建立在文字之中的爱之所以可靠，就在于我们需要通过心灵的渴望才能使一切变得真切。所谓的真切指的也是，在我们的心灵之中某些真实的存在，本来就是幻景，我们年复一年、日复一日地去趋近它，实际上也可以看作自我成全，我们为不可能、为虚幻找到了能够带给我们幸福的依据。

2

哈扎拉尔曾经说过：我一直试图使自己变得聪明，仿佛只有在智力上胜人一筹，才有成功可言。今天我总算明白，我需要的并不是更聪明、更有理解力、更能把握住各种机会，而是，我只要耐心地继续活在自己的世界中就可以了。当一个人不需要与任何人作比较，也不需要、不可能和自己作比较时，他内心真正的平和便有意义了。他的生命就是他自己最理想的幻景。它是一个好的世界。

3

1972 年，布罗茨基在美国发表的第一篇散文中有这样的句子："生活，这不是坏与好之间的斗争，而是坏与恐惧之间的斗争。人类的选择，如今不是在善与恶之间，而是在恶与恐惧之间作出。人在当下的任务，就是在恶的环境中做一个善良的人，而不要沦为恶的承载者。"

4

有些亲切的句子，我抄录在这里，首先并不是为了表示致敬与认同，而是我发现了一种新的表达，一种差异，并从中获得了自己继续书写的理由。

5

今天和一位小朋友一起吃的午饭，他下午就坐飞机去上海，然后前往伦敦继续学业。我们没有谈论伦敦、寒冷、学业，而是谈论他爱吃的猪肉。我突然明白，我们已经不再像以前那样凡是有人从外面回来或要到外面去，就会马上热烈地谈论时事。

星光的碎片中充满了多少光，

盯着黑夜！就像难民塞满一只小船。

这是布罗茨基的诗句，写于 1980 年的圣诞诗中。

这是变化了的一个世界。缓慢地变得更坏，看上去就像是变得更好的世界。

有时我发现所谓的变化，其实已经停止，它就那样了，跨越了我们生命的长度。

6

是的，与我有最大关联的，始终是人，具体的，一个个的人。

是的，活着就是一种不安。

7

因为这些文字，所记录下来的不仅仅是事实本身，很多时候我对事实已经很厌倦，我不是只喜爱那些幻景，尽管只有在幻景之中我最适于进行着内心的旅行。我写下的（恰巧听见、想到、领悟和渴望的），都是我的一份内心传记，它提出的不是事实供状，而是它就是精神的一种存在，我必须无限地使之绵延，以证明活着的最虚幻的意义。在纸面上，在加密的文字背后，在所有无论炽热、冰冷、宽泛的自我辩护，还是厌恶、怨言、敌意之中，一个人，一个时代的一个人，纸质祖国的旅行者，一个听天由命的人，他仿佛为自己死去，然后又在另一个句子中复活，他所有的丰富中的单调，单调中的复杂，他的自我怜悯，无法克制的忧伤与哀悼之情，他的自制和谦卑的态度，始终无法改变的羞涩与狂放，他对世俗生活的热爱，他的精神洁癖，他时而鲜明时而模糊的面孔，他的疑问、询问、推问以及归结到生命终极之处的没有回答的回答（声音消失了，回答的口形还停留在空气之中），如果一个人，确切地说，一个诗人，他所能做的，大概就是"活着的痛苦，必须用欢乐来刺痛"，"所有的遗忘，必须从记录与确证开始"。

这是一份从一开始就一直持续着的储备，不知道什么时候是终点的没有终点的行走。

重读一本书，是为了对这本书做简单的送别

1

我是从宋文娟（网名叫"翅膀的声音"）那里读到这首诗的：米斯特拉尔的《甜蜜》，以前并没有注意过。

亲爱的妈妈
温柔的妈妈
让我对你说句
最甜蜜的话

我的身体属于你
和你连在一起
你将他包裹好
放在怀抱里

我是露水珠
你就是叶片
狂喜的双臂上

随我荡秋千

你是我的世界
亲爱的妈妈
让我对你说句
最甜蜜的话

今天我读到这些句子。我读宋文娟写母亲的文字，心总是被揪紧。不单是因为宋文娟，更是因为这些写母亲的文字。今天我又读了赵赵写给妈妈的文字《我想跟你呆的时间更长点》，今天我还接到一位朋友的短信，妈妈突发精神病，自己流产了。

今天我回乡下看望妈妈，最近只要不外出，周末都回到乡下的家中。

我明白的只是，我的泪水常常是为母亲和孩子流的，所有的母亲，所有的孩子。

在我这里，母亲，妈妈，都是最轻的小词，低到尘土中属于我身体的一个词。

有时还是永远无法愈合的伤口。

2

我写到本子上的句子是安静。

我从本子上看到自己的句子是安静。

像一条河的上游，在群山的树影之中是安静。

像一条河的下游，以开阔的身姿，与大海相拥，是安静。

时间将开端和终点联结起来，"我在它们之间，或在局外"（布罗茨基语）。

3

寒冷之夜，我想到一些词。有一些词，在这个时代都变成了反义词。当你要对现实作出理解之时，这些词迅速跳到自己的反面。哈扎拉尔说："你仍然可以用这些词，不过你记住，恢复词的纯洁性、正当性，是极为漫长的工作。"

4

仍然记得用爱祝福。

5

也许，以为一直没有过美好的时代，我们可以写下："美好的时代已经开始"。

有一天，在自由写作的时代，我试试自己的笔。

> 我此时的听觉没有错过：
> 这还不是音乐，但已非喧嚣。

这几天我重读了《布罗茨基传》的一些章节。为了对一本书做简单的送别。

我仍喜爱做一个手工艺人

1

所谓的理解力也可能就是一种自我退却，退到没有边境的心灵沼泽地——那里水草丛生，没有一块可靠的泥土。哈扎拉尔曾经分析过知识人在退却中赢得生存的精神状况，他说："他们的历史感已经不再针对现实，针对真相，他们把判断交给了时间，他们的内心被黑暗占据。"他们已经作出了判断，在时间中浸透了无力、无望和对生命的厌倦感。

有时我也像那个人，在自己的"每行文字都盖着一个戳"，"厌倦"，"厌倦"，不过把它翻转过去，则是"继续"，"继续"。我不再为具体的目的写作，无论是教育，文化，幸福，或是哀愁。如果有一根线，穿过我的文字，也许就像穿过我的身体一样，我在持续中既把生命的整体感变得细碎、杂乱，又把所有的混沌、零散归束在可以检阅的分行之中，这不是一种连贯或者平衡，这是呈现，是生命本身。

有时我在笔记本上涂涂画画，在这样的眷恋中会产生一种心安理得，它是工作，是对笔触产生的意义的承认，是进入又离开——心也变得能够配上这样的节奏，在自我回旋中等待着一些清澈的、没有重量的，却有点可喜的结晶体。

这当然也是一种单调。养成的、用心形塑的，最终也是有着自己寿数和局限的自我书写。我也喜爱一些形式和仪式本身，在活得有激情与软弱地制造自己文字的节拍和色泽之间，摆放一张有着复杂的抽屉和暗格的书桌，木质的，可以随便放置书籍的桌子，就是灰尘在上面落了很多也不太显眼——只要你继续已经开始，却不知道何处为终点的工作，你就是仍在为生命发声。

一个曾经的诗人把文字的旨趣逐渐倾斜于散文，在看似冷漠、从容的节奏中，智慧的光泽（如果有的话）或许能够更自然更清晰地溢出，这仍是诗歌的火苗跨越边境后的另一种燃烧方式。我常常在面对打开的笔记本时思虑的就是自己已有的经验，以及在沉默行走或坐着发呆时，头脑中翻动的最终停住的句子——这些对我有用吗？我长久地思考，甚至暗暗着迷的，多是无用之物，真不知道该说什么了。

给我一个硬皮本和一些活页纸，我仍喜爱做一个手工艺人。有一天能够写字、热爱在纸上涂涂写写的人，人们大概都会称之为手工艺人。我的字迹一直没有变得更有教养和技术化，我错过了某个关键年龄，又缺少耐心，同时"找不到手法"，它也像我写下的文字一样有一种未成品的光泽。

现在，我仍在继续这种安静的手艺，如果夜里太寒冷，我的工作就在黄昏时结束。

2

我有时候能够体察到一个写作者笔法后面的魅力。比如，在布罗茨基的传记中，曾记录了一位学者对布罗茨基散文笔法的评判，她认为布罗茨基用来构建其散文文本（不仅是随笔，也包括其演讲稿、致编辑部的信件，甚至口头演说）的那些手法，往往是一些诗歌而非散文所常用的手法，而且还总是那些在他的诗作中经常出现的手法。这样的见解让我有豁然开朗之感，它也部分解释了为什么一个优秀的诗人往往也是一个优秀的散文家，同时也让我明白我所认识的某个"文学理论家"为什么总是写不好随笔——因为他总是要以说教的方式来演绎自己的散文，这恰恰是他除才情之外重要的麻烦所在。散文或许总是离诗歌最近，都讲究节奏、韵律、想象力、抒情性、内在的形式感等等。

由此，我们获得更多的还是对自己的接纳。某些特点，某些几乎无法改善的缺陷，需要有一个简单的转换。并不是这些文字因此获得增值，而是，你会承认它就是如此，它属于自己的笔法，是你自始至终地，卑微而坚定地对文字和思考能力的信赖。

这一生最幸运的事就是和诗的相遇

1

哈扎拉尔说：只有在语言王国之中，诗人才不会被边缘化，这种精神渺茫而脆弱的胜利，竟使诗歌不断得以产生并流布天下，"那美丽的无可比拟的"一盏灯，即使你看它或闪或灭，穿过山岭和云层，在草丛深处几乎难以望见，这盏灯也总是就在你抬头就可以看到的前头。声音从远道而来，声音中鸣响着异样的信息，古老同时令人不安，它所传达的一切，就是平白如话，也仿佛孕育着难以言尽的象征和暗示，每个诗人都把自己当作记忆者、破译者，用力说出所见所闻，每一次都像第一次和最后一次一样。

他又引用了一个策兰的句子：我们生活在黑暗的天空下，而且——人烟稀少，因此，诗歌也实在太少。我依然拥有希望，不大；我尝试，为自己保存那剩下的。

在密集的人海中，你才知道"人烟稀少"，诗也是从来就少。

2

哈拉扎尔说，当你动笔之时，你是在虔诚地纪念着自己心灵的宁静。

还有一些真正的宁静，总是奇妙地来自不可能、不可知的事物，我们因此也有另一个历史，隐秘的想象史，几乎只能以悲剧收尾的情爱史，不断被邮递的信念史，精神变得日渐敞亮，精神与精神获得对话的声音史，另外，当我们仰望天际与星辰时，大概人类永不可治愈的伤口和带着梦想飞翔的笨重与轻盈，同样组成了身体的历史。

"永不可丢失地"保留在语言之中的，是诗。

我几乎也相信，这一生最幸运的事就是和诗的相遇。所有的爱都使一个人的天分不足，创造力的衰弱变得微不足道。爱就是不断地穿过。

有时一言不发，有时又滔滔不绝

1

只有耐心的诗人才能在不经意之间写出《小王子》，耐心也可能是更深刻的绝望，语言的死结也是心灵的，诗不可能讲述更多，死亡会透露出身体曾经无力透露或可以遮掩的。一首诗无论怎样敞开，它都掩藏了更渴望、更应该显露的一切，这并非源自一种掩饰的需要，而是，诗的本质就是把现实的伤口都变成无法治愈的隐痛与暗伤，有时它一言不发，有时又滔滔不绝，它积攒着人类关于黑暗、无力、孤独、懦弱的记忆，并把趋向于无限多元的阐释作为一种解决之道，因此，诗往往也是诗人自己的迷途。

确切地说，只有诗人悬置并解决了自己的难题，他就像什么也没做一样，把生命交给了这些迷惑。然而，从另一个角度看，比如，从具体的现实的生活的角度看，诗人又确实像是受到语言恩宠的寄生虫，他没有任何创造，甚至也无法保证自己对语言持久的忠诚。他制造了一些零散的句子，有些感觉由此产生，并不断得以激发，有一些声音引起了生命的波动，所有生命的情感中都饱含着对历史与人生的负疚与忧虑，几乎每首诗划过去的，总要拖着难堪和忧伤的尾巴。这是一个无法摆脱晦涩、不清晰，同时又倍感疼痛的"职业"。在那些词的空隙，诗人用力呼吸，学会沉默，释放自己的沉默。

2

诗既显示某一不可变更的日期——相应，相对，依存，不断地回望这样的时刻，又把自己的心脏放置在尘土下无数的相遇中，诗在本质里——每一天，面临和应对。它深爱自己的生活。

当我们谈论教育时，我们在谈论些什么

1

一个教师不能对学生做任何分类、评级和"剔苗"的工作，因为这样的事应该交给上帝。除了善意、尊重和恰当的幽默感，你很难想出一个教师还有什么更值得人称道的品行。这些话大概来自美国著名小说家雷蒙德·卡佛，这是他的一个学生的记录，我又有意进行了归纳和某些添加。

2

这些天，严格说起来有一个多星期的时间，我一直考虑着诗与教育的问题。有时我并不希望得到任何一种结论，我已经摆脱了对结论的迷信，我更希望得到"某种表达"，某个"特殊的"表达的词汇，这往往也是一种诗歌的方式。

3

我读卡佛学生回忆卡佛怎么当老师的文字，有点让人惊喜的经验之谈，以及经验之中的生命信念。每个人可以学习的总是比自己期待的还要多。一旦他开放了自己的心灵，就定能使所学都成为某种所得。

4

模仿卡佛著名的句式——"当我们谈论爱情时，我们在谈论些什么"，写下的免不了就是这个"噩梦般的句子"——当我们谈论教育时，我们在谈论些什么。说噩梦当然是一种我们比较习惯的夸张，但把教育想成噩梦，却是一种习惯。让人迷惑的是，它既是开始——你可以把它看作一种阴谋，刻意如此，这是大格局，也可以被看成是过程和结果，仿佛那里是人类的智慧和理性无法抵达的区域。所以当我从教育中想到诗，时常会为一种不安所控制，你不必怀疑教育要做什么，而是要仔细看清楚，教育一直做的是什么。

5

卡佛有一句很有意思的话："我坐下来时，一般知道要做什么。"

但是今天我没办法继续思考，因为卡佛的学生、作家玛莎·吉斯为自己已经不在人世的老师写的一句话彻底打垮了我："对我们来说，人们是一步步去世的。"

教育是身心必需的成长，非亲力亲为不可

1

即使你认为某些文字具有无用之用，其实还是无用。这是我想到自己为教育所发的感慨时的一种自我评价，因此我时常首鼠两端：我到底做什么好呢？

2

今天从《南方人物周刊》上看到一个有趣的词，说这是一个"代时代"，诸如：代办、代孕、代驾，堵车时还有人可以替你"代堵"，我们更熟悉的则是"被代表"，等等。你读书，并把某些感触写下来，可能也是一种"代读"。当然身体本身非要经历不可的一切，都是别人无法代的。

教育也是这样的经历，它是身心必需的成长，同样非亲力亲为不可。

3

说到诗与教育，我想谈的却是"假如"。假如我们仍然能够尊重生命

成长的规律，假如我们来到了一个真正的学校，假如我们现在正开始经历人类所经历的一切，等等。或许"假如"本身也是不存在的，教育只有现实，也就是充满缺陷、不足、偏颇和各种各样不安感的现实。我常常会从自己生命的"流程"中惊异地发现，时间是多么奇妙的力量，时间赋予生命以紧张，时间带来各种变化的讯息，时间从无中生有，时间使等待变成一种姿态，一种信念，同时人类既可寄望未来，又知道必定死于今天。生存的勇气总是关联着对时间背后人类精神的想象，一个人活着既出于惯性，也因为活着还是一件最省心的事。另一方面，教育大概最有助于培植人的"有为"之心，责任、挚爱、荣誉感，都与教育有着最大的联系。诗心，其实就是一种穿透力，穿透逼仄的现实窘迫，直抵人心——不是寻找出路，而是把生活变成了艺术。策兰是这样说的：谁在感觉和眼睛里有艺术，就是谁忘记了自己。艺术产生了远我。艺术在这里要求一定的方向，一定的距离，一定的道路。

4

一个忘记了自己的人，他记住了什么，他又是怎样重新安顿自己？美、想象力、自由，这些也许都不是现实的花朵，而是时间的果实，它被不断传递，却从未抵达。倾听者听到的讯息总是他心中已有的，却又未曾听见，"直到听见"，你可以想象一个人的努力，往往都是在他自己生命中进行的。他在用力，既可能为你所知，又完全是任何一个人一无所知的，他自己也成了"另一个人"。

5

也许我只是固执地寻找一些想象之词，给自己一个冷冰的夜晚取暖。这些文字，在 2011 年 1 月 16 日时，写在一个活页本上。

需要在"共生、共存、共有"的状态中，思考教育之路

1

一篇文章怎么开始呢？你可能会信赖自己的"手感"，但手感并不可靠，很多时候都是这样的。

这是我三次的开始：

第一次：坐在办公室里当然无从知道在北方某一个寒冷的乡村小学，孩子们是在没有暖气的教室里上课，老师和孩子们的手脚都冻坏了。隔开的距离，隔不开的疼痛……

第二次：有人对哈扎拉尔说："我从自己的耐心中更多地看到了笨拙，几乎所有长处的另一面恰恰就是人的不足，即使你最爱的人，你也能发现他身上有你无法忍受的缺陷……"哈扎拉尔说，当我们这样看世界之时，我们的心灵已经出现可怕的空洞，没有包容肯定就不是真爱，没有无条件的接纳，爱又从何处滋生、保持？我们太喜爱……

第三次：一个诗人，他并非只需要在语言中生活，如果他一直在语言之中，翻腾不了更丰富的感觉。一般情况下，他的需要总是比较离奇与出格，这好像也是一种限制，受身体和心灵支配的生命冲动，于是让你看到诗歌之外，存在着……

它们最终都未能让我顺着继续下去，我也无从知道如果顺下去会成什么样子，这是一个有趣的问题。

2

这些天比较美好的事情是我得到了一本雅斯贝尔斯的《什么是教育》的复印本。这本书对我的教育研究有着某种里程碑的意义，它让我明白教育应该这样思考，教育可以这样表达——当然这里也都有高山仰止的意味。我是 1991 年购得此书的，2001 年借给了一位校长，后来他声称"不会还给你了"。借书给人是一件非常危险的事。这几乎是每一位爱书人都要牢牢记住的。

由于北京的三联书店再也没有重印过《什么是教育》，今天要在网上淘，大概都只能弄到复印本。

而我的这一本，则是浙江宁波的一位校长所赠，她的小学，每位教师都有一本，据说他们都读过了。也许我们都要不断重读。这样需要不断重读的书，其实能够为我们的精神浸染上比较深邃的底色。

3

哈扎拉尔曾感慨：一个人若不能随口说出几本他不时重读的书，他就难以成为一个文明人，在危急时刻就不知道向谁求助。

我想，读与写总是两件事，但在人的生命之中，它就是一件事。

我记下细细碎碎的句子：

在乡下为了多做一些梦，我很早就睡了。

在园子里有几百只鸟，起起落落，它们以园中的蔬菜为食，它们是姿态优美的掠夺者。它们用飞翔的翅膀扎下了根。明天仍然在这里。

昨天回家时，我又看见那只在汽车的镜子上不停地照镜子的鸟。

无论在哪里，我都无拘无束地与自己交谈。这只是一种存在方式。大概这只照镜子的鸟也是这样思考的。

思考既可能使人澄明，也可能使人变得充满恐惧。作为一个人，内心时常是无助的。

对所有事物的研究，都需要把它放置在"其环境、其历史、其变化。我总是向往一种多维度的思想"（埃德加·莫兰语）。

需要在"共生、共存、共有"的状态中，思考我们所选择的教育之路。

所有的字迹都是遗嘱的一部分

1

我就像自己生命中的一个多余人，当我无所事事地在房间里走来走去时，我不知道会这样走多久，也许这仍然是一件事。生活很多时候不就是这样吗？

2

我持续思考着一个问题，我不可能像揭示者那样有效地把这些问题条分缕析，我不热衷于这样的工作，更直接一点说，我也缺乏这样的能力。

3

即使你看得见尘埃落在桌子上，都是一件事。你看见了，你要去擦拭它，你要使桌子上重新变得没有尘埃一般。

想到这些事情，不是从书本中得到的启迪，而是我现在就看见了这些尘埃。"怎么写才好呢"，诗人保尔·瓦莱里曾在给纪德的一封信中这样感慨过，我也是没有停止过感慨的人，我试图给予自己一个恰当的身份：一个知道自己要做什么事的人。

4

我似乎持续地谈论着教育，也不反对不断自我重复，不是我刻意，而是我总希望在看似重复中，能够"偏斜"出一些不一样的话语，一个不能贡献思想的人，也能够在没有太大意义的工作中，偶尔留下一两颗闪光的结晶体。其实更为重要的还在于，我谈论的就是自己的生命，自己的生活，我从中看到教育的影响和意义，又从教育中看到了自己。一个人，复杂的来历与经验，不断经受的新的自我生成，所构成的圆满、充分、奇异与独特，最后隐而不显地归依在他的身上，包括记忆和想象力，大多随着生命而终于灰飞烟灭。

5

所有的字迹都是遗嘱的一部分。所有的爱、情谊、渴望，都曾经是一种让人不安的幸福，流淌或沉淀，它并不是要告诉你什么，而是它说的，是自己所知道的意味着什么，人领受自己得到的这一切，算是活过了，算是有了一种自我交代。

我要重复一句：今晚你读什么呢？……现在是另一个早晨，我重读了昨晚这些看起来有点无聊的文字。我起床时想到了佩索阿，这一位

"一生的小职员"，这个身份给予我一种"物尽其用"的宽慰。那个人以自己的卑微滋润着始终如一的命运感，对所有生命的共情力和同情心，他总是习惯这样看着尘世，看着自己，他的骄傲也是卑微的，因此而又弥足珍贵。

可以坐在明净的办公室里，足够幸福了。即使你不去回味，这样的感觉也是美妙的。

"机会是给有准备的人的，命运却是给没准备的人的"

1

哈扎拉尔说："所谓的适应就是你浑然不知还有另外的生活，你也不信赖新的变化了。"做个安安静静的庸人，很多时候竟然是让人羡慕的，还有谁仍然愿意为诗而生而死，诗允许一切，却不允许你从中获得谋生的希望，诗是拖人下水的，那里"泪水、愧疚、狂喜——尤其是哀告"，几乎是另一个世界。哈扎拉尔说：我研习过思想的逻辑，我却既不能告诉你一个人怎么活，也无法真正认识这个人，并使之在我的笔端活下来。我年纪越大，越不会对此感到沮丧，我的原则恰恰是"我要以这样的原则为人生准绳"。当我沉默之时，我心中充满了敬畏，当我开口时，我的话总是指向询问。

受到命运的摆布，我们都不得不面对生活的嘲讽——实际上，可以通俗地说"机会是给有准备的人的，命运却是给没准备的人的"，可以设想，所有的考验都像第一次出现一样，于是有的人就把等待变成了自己的生活。如果这个愿望能够成立，你就更能理解，每一个人仿佛都只能默默地长成形态各异的树，开出别样的属于自己的花。

透过对自己走过的路的回望，真是不得不感慨，无数的因成就了果，无数的果又成了因，因果相生相连，所谓的命运也并不是你轻易就能说得的，命运是用来震惊、感叹和回溯的，人生活在各自的格局之中，终究又会因为各种因缘际会而成就了自己的那一度。在你回望之时，命运开始说出一些你未曾听过的话。

2

寒冷、潮湿加深了我渴望无所事事的决心。还有一种奇怪的感觉，我一回到乡下的家中，看着园子里的树木（这个冬天它们显得特别没精神，芒果树长得最快，树叶又大又深，仔细一看，上面有很多虫子咬过留下的黑点），各种蔬菜，空气中有种说不出的安静，尤其是正在下雨，或者下过雨之后，而到了夜里，八点之后，仿佛已经是深夜了，我的心也安静得有点疲倦，我也用不着推敲句子，对某个词语反复斟酌，我要对自己说，要早点去睡觉，要潜入自己的梦乡，要对生活说，你就在自己的无所事事之中流连忘返吧。

我对自己说，你完全了解我的内心世界。

3

坐在回城的汽车上，我上车时习惯对司机说：师傅，你好！他只是看看我。窗外有小雨，闽江还没涨潮，水有点腼腆的样子。

我想到有个市委书记被抓时，从他家里搜出一千万元的现钱，一个部长被抓后曝出有上百亿的贪腐金额，又说有一种新的毒奶叫"皮革奶"，还有大米中也出了什么问题……闪过，闪过。突然悟到，即使一切都是可想而知，都是可以推断的，你还是感到吃惊吧。

大概，它总是使人"激动不已"。如此，如此。

4

站在雨中的公园里。

有些安慰，可以在一朵花中寻找。

如果你长时间地与之亲近，"一些事物变得真实起来"。

这是策兰诗中的一个句子。

5

那个哲人说自己更像一个居家的动物，即便外出一会儿，总是要急急赶回来，快速脱去外衣，穿上松软肥胖的袍子，他的心就安静了下来。

6

我也是自娱的人，犹如我阅读、写作之时。

犹如我在办公室和家中饮茶之时。

在寻找中，恢复一种可能更切合的生活。

笨重的身体，再也产生不了灵动的文字了。

7

我的朋友顽固地坚持着每天对生活的记录，事无巨细，一定要写上哪怕一百个字。

有一天他说的是：我同样喜爱的哈扎拉尔已经不大说话了。

有一天他说：我不去猜想别的生活，哪怕，这是一个诱惑。

8

你读再多的书，也恢复不了这个时代的荣誉。

你写再多的字，也不可能增添你的价值。

不过你说，这一切都与你无关。

9

在乡下的屋顶看了四周，最常想的就是：田野再也无法还原为田野，树也不可能还原为树了。

以前可以说"四野"，现在只能说"四周"，四周也无法还原成四野了。

未来多么遥远，同时又是时常开在眼前的花朵

所有的陈述，只要发自心底，总有一点忏悔的意味

1

有时仿佛就是他自己愿意的那样，他沉浸在没有痛苦的失眠之中，因为他并没有意识到自己的失眠，也不再恐惧于无法抵达，这个睡乡仍是柔软、松弛和随心所欲的。甚至也只有此时，他可以滑出去非常遥远，一直到达童年时某一次后来从未念及的遭遇，比如邻村一条河上的一块木板搭成的桥，他走过去了，而比他小六岁的弟弟跟在后面恐惧而无助地哭了起来。回忆往往到此就陷入了沮丧和自责，多少年之后，就再也想不起那天他的弟弟到底有没有过了这座现在架在记忆之中的桥。就是做梦，情形也越来越相似：要是梦到去某个地方，最终总是到不了那里，想去见谁，结果还是根本见不到，而这一切几乎总是在故乡小小的土地上发生，持续地，重复地，就像是另外一种真实的生活。因此，他似乎更愿意在安静的、失去重量的等待睡眠的过程中，不再把自己交给复杂、沉重，日间的凡俗，要胡思乱想，要寻找能够让自己变得愉快的情景，而事实是，一个人活着，一方面是不断地进入未知、新奇、渴望，另一方面则是不停地对自己的生命进行复述，从自我聆听中理解了正在面临和将要面临的，时间本身就是穿过。

2

我要说的，则是我在重读的一本奇怪的小说——《梦幻宫殿》，阿尔巴尼亚的小说家伊斯梅尔·卡达莱所著，原先在《世界文学》上已读过，这次读的是"完整版"（也许吧）。

在礼拜日的下午，我先是去公园看过一些花，对叽叽喳喳的麻雀观察了许久，然后又回到了似梦似幻的文字之中。

有时，我写的一些文字，也就是那样，"所有的陈述，只要发自心底，总有一点忏悔的意味"。

在卡达莱的《梦幻宫殿》中，说的当然是别的事。全国各地无数的梦，送到筛选和解析梦的机构，比如一个梦：一群黑衣男子越过一道沟渠，消失在一片白雪覆盖的平原中。又比如一个梦：三只白狐，蹲坐在当地清真寺的尖塔上……

对梦的解析关联着帝国和君王的安危。一个梦也可能直接导致做梦者的夭亡。

管理着这个国家人民所思所梦的是一个"睡眠和梦境管理局"——梦幻宫殿。

呵呵，在你没有开始阅读之前先想象一下吧。

我只是和自己谈谈

1

读完了《梦幻宫殿》。然后是，埃德加·莫兰的《复杂性思想导论》把我弄得晕头转向，若是这个时候再去翻阅雅斯贝尔斯的《什么是教育》，则有如释重负之感。我要从不断翻动的书页中"遇见什么呢"，阅读从它的形态而言，显而易见，它是朝向沉默的。一字一句，停顿，思索，在思想和激情的相遇的秘密里，你总是要走向别的事物——新的句子，未曾颖悟的思想，自我的窥见，一个你喜爱的文本；也像你的对手，你一生都需要的标尺就立在那里，不断地探望它，不停地和它交谈，无法回避地影响——一个阅读者，他会说，"在我手中是书卷，在我笔下就是路"。

哈扎拉尔也曾写道：阅读时你首先要适应纸张的光泽，在各种光线下，你看着纸面逐渐形成的字迹、图形，你就踏入了一条千百年来始终涌动的河流，有时你会发现自己沐浴在波光之中，有时又像一直站在远处的某扇门外，迷途常常就是从书中开始的。

2

2011 年，我要传递给自己的，是否就是一种确切的——回家的艺术，我看见自己把一种喜悦和不安都倾注在"回家"这两个字上。

所有的吸纳和体验总是会转化成一个姿势，"我要和自己谈谈"，就像都盲了那样，"我只是和自己谈谈"。

埃德加·莫兰说，一个人不停地学习，沉思，变革，维持生存，是因为我们拥有这样的基因，我们是无数需要的混合物。

一个人越是热衷于纸面的生活，越是不可能对"改变"有太大的热情

1

我拼接了多少的经验、散乱的记忆才使某些文字显得特别阴郁的样子？瓦雷里说一个人必须有一个可望而不可即的目标，我却从来不这样想，或者这恰恰是瓦雷里的伟大之处，我时常发现自己所做的一切，尤其是读书、写作主要就是一种生活状态，生命必须找到一个附着物，才能够得过且过——舒坦地放任时间的流逝，仿佛已获得确切的活过的证明。

2

世界上即使有真正固若金汤的城堡，终究也会坍塌，荒诞的统治即使武装到牙齿，仍要毁于某个意外的导火线。一个人的卑琐不是因为他人微言轻、身处绝境，而是他在权力的各种利诱与威逼中低头顺从，同流合污。哈扎拉尔说得很极端：正是因为人人渴望不朽，所以他总是要个不够，要是他知道只有六个月可活，他总可以挣扎着多少为自己赢取一点尊严，这个状态很多人要到生命的尽头才会微弱地闪现一下。

3

我想得越多越明白自己的文字，并不具有抗争的品格，矛盾、凌乱、混杂交错，我大概已经患上了一种"书写迷恋症"。

一个人越是热衷于纸面的生活，越是不可能对"改变"有太大的热情。我愚蠢地看着这个世界，是的，我们很快都成了这个世界的遗物了。

时常，我简直不知道自己在哪里，生活在哪个时代，我就像仍活着那样依旧更衣沐浴，行走在太阳底下，比如今天中午，我脑子里突然冒出一句：阳光是那么的快乐，以至死去的人肯定会为他的死去而感到可惜的。我不知道这样的句子是用来悼念谁的，也许它就是为了配合某种心情吧。

我再抄一段瓦雷里美妙的文字吧，在夜晚渐渐地变得真实之时：

我想要给你写些关于树的事。每当我想到你时，在拉 - 罗克看见的绿树似乎就在我脑海中一闪而过。然后我因这些绿树而忘了你，我赞美法国梧桐树、白桦树和其他树。我这种感觉已经有一段时间了。在这个世界上，只有树木是一件还没有使我厌烦的东西（我说的是人们可以看见的树——我说的也是非常高大的树，带有浅色和光滑的树干。我害怕带创伤的树）。一般来说，大海和河流令我讨厌——因为它们常常泛滥成灾。这样就剩下我喜欢的树和另外几个屈指可数的"东西"了。它们总能唤起我朦胧的想象，但对别人，我要把想象的最清楚的结果描述出来，而对我，描述它时，所用的语言不妨近似于一种密码，可参杂着科学术语和具有其他"特质"的描述方式。

不管怎么说，在我看来，美丽的树能带给我愉快。除了和树待在一起外，我看不出自己是幸福的（谬论）。树给人的感觉就好像在适宜的温度里深深地吸上的一口空气，或是说像一张极好的床，这张床刚好适合身体的背部的曲线，给你一种想舒展开四肢的感觉。

在春天，你最不应该责骂孩子

1

我好像急切地要把某一本书读完，我在琐碎的叙述中已经深潜太久，心也感到累了。读一本书也可能并不能记下某个句子，获得多少新的见识，读的过程一直在放弃与耐心之间拉锯，反倒使我明白自己所做的这个差事，就像一种令人沮丧的生活。大概春天就是这个样子，不适于读，不适于室内，一定要待在室内的话，最好饮茶，半睡不睡，或者索性就待在床铺上，就像一位诗人说的那样：我恨不得床铺具有房间的结构，这样你进了屋就在床上了。

有时走在上班的路上，想到这种种，我不禁就笑起来，这毕竟是上班路上的遐想。

2

春天，最不能责骂孩子，他们要么受到自身某些神秘力量的召唤，蠢蠢欲动，非要添些乱子不可，要么就是把半睡不醒的身心，笨拙地带到了课堂上。博尔赫斯曾说，有些民族是根据猫眼来判断时间的，在春天，那些聪明而又仁慈的教师，也常通过孩子的眼睛来判断孩子——只有那些醒悟了的心灵才适于继续学习，若不是这样，你即使勉强他，又有何益呢？

3

今天上午是一个例外，我的脚步奇怪地把我带向了温泉公园。昨晚的雨现在变成薄薄的似有似无的雾。我只是快速从树木和花草中穿过，而在雨雾中跑得汗涔涔的人，有福了。

瓦雷里的文字中曾有过这样的句子："他们都是四体不勤、浪迹天涯的博学者和星相学家。"我感兴趣的是"四体不勤"而又"浪迹天涯"。我喜欢的也是，"不动的旅行者"之类，我不由自主地在一些文字、草木和低迷的情绪之中，继续自己的颓败——有时你会说，这一次我写得很糟，我好像受到了什么羁绊——我总是比任何人都渴望看到自己仍要写下的文字，常常就像人们所说的那样，这也是一种确信。

映现在美好文字中的是我们的各种情感和遭遇

1

哈扎拉尔说，处于生命日渐幽深的晚景中，我才这么真切地体会到唯一能够救援我的只有那些美丽的文字，我也很难说自己是怎样渴望被词语包扎，但是细细思量一下，无论左冲右突，并没有任何生活是我所仰慕的，即使像虫豸一样低到尘土里，我所看到的也仍难以是具体的改变，这一切并不使我悲哀起来，我所要的一点都不多。安静，退缩，像一个真实的读书人，轻声咏诵，念念有词，或者热泪盈眶。在流连忘返中，度过自己的光阴。

2

就是抄一页纸的下午，大概也需要稳定的心绪，才能使这样微不足道的工作看起来符合自己一贯的期待。"我驰过了雪，你是否听到，/ 我骑着上帝去远方，近处，他唱 / 这是 / 我们最后一次骑驰，越过 / 人类的圈栏。"策兰的喃喃低语，他在意听见者是谁吗？

一个受到拥戴的人，也不会乐于和我分享他受拥戴的秘密，他倒会说自己在安然地享受着分属于每一个人的那份孤寂，你体验到了，就会有点幸福。

3

这些天，我更清晰地看到的是一位挚爱者的面容，她瘦得忘了自己原来的样子，大概很久都不愿意照镜子了。她就这样刻映在我的眼中，对她，任何安慰的话语看来都有点不够合适，这是我心里清楚的。越来越弱，变得黝黯，人在绝望中也更难找到一点生命信任的颜色。

并非真实的人类状况撞击我们心府而思绪万千，而是我们确实明白，这一切即使再离奇、忧伤，也不过是新见识的常态，迟早都要有这样的遇见、经历。

4

我抄录，我读，我读我自己。映现在美好文字中的是我们的各种情感和遭遇，或是想象的投射，我们找到这样理想的状态，作为自己精神的重新安顿。由此，也获得了某种自我升华。在那里，迷离纠缠，淅淅沥沥。

我是一个有思想的寄生虫

1

今天我继续啃埃德加·莫兰的《复杂性思想导论》，突然想到哈扎拉尔说过的话："做个读书人、写作者，仍是简便而又按部就班地工作，不必夸大心智活动的复杂性，一个人可以在一张桌子上解决自己一天多多少少要做的事情，岂不是十分惬意！也没有人为写作而死，即使一个人死在写字台上，他也一定死于什么疾病，或是他早就不愿意继续活着，反正，我自己就特别信赖这样的生活，我是一个有思想的寄生虫。"呵呵，至少像我也是愿意这样的。

2

有时，我似乎要努力摆脱那种自由阅读引发的浮想联翩，比如我负重走路时，我轮换着把注意力放在思绪和两只手上，我宁愿是这样，一会儿是重负，一会儿又是不知想到哪里去，在交替中找到自己。对，我在哪里呢？由阅读引起的联想好像会使人变得聪明一点（这是我祈望的），但这样我就不能完全专注于阅读本身了。

3

任何方式的对人的比喻都是片面的、偏执的，而你要想确切地写清楚一个人，几乎就不可能。就是写了文字，又如何呢？我找到了困难所在，我写着是为了找到更多一些。

4

我总是想到诗歌，生活，教育，以及作为所有纽结点的生命。我的勤勉只表现在耐心地坐在桌前，我曾经的出发点，现在的仍属于我的出生地。

思想又再生了吗？

5

今天我想到的一个问题是，几乎在所有的人身上都会面临——就是一个人的成长总是免不了要经历各种危险和侵犯。有一天（我们不妨想象有这样起始的一天），我们开始过滤、反省、治疗、改善自己，那些所经历的危险和侵犯就成了一生要面对的功课，——如果能摆脱，如果能变得更好，如果能忘记，所谓的"成长"变成了生命复杂的土壤，所谓的成熟，其实就是从这样的土壤之中开出的奇异的花朵。

6

"不写你会死啊？"那就继续吧！

阅读意味着对生命的某种怜惜

1

不知从什么时候开始，我精神上似乎逐渐获得了一种"自我解放"的能力，从工作、办公室中，从各种繁杂的人际关系中，从各种害人的荣誉中。要是究根溯源，这一切都与我渴望成为一个"悠闲的读者"有关。我试图无论什么时候都能到书中去，把带着一本书，作为自己最大的需要，这样的满足感促使我成了一个逃脱者、一个迟到的人。我的震惊和回忆时常只是在一个书页之中发生。那些常让我想念的人大凡也与书有关。

阅读意味着对生命的某种怜惜。我总是暗自寻找自己的贝雅特丽齐，不过我渴望的并不是走进这个世界，走进任何的辉煌，而是，只能是，像是没有进入这个世界一样地远离或逃脱，甚至我希望"逃脱"的不是我的目标与终点，而是一个"不爱"的开始——惶惶然，"我们无法谈论，无法认知，无法爱，无法恨，无法反抗，甚至无法抗议"（弗朗索瓦·里卡尔语），我们最终只是在不爱中给自己换了一个位子，像在场那样不在场，我们一直在跨出"迈向旁边的一步"。

这是一种衰老的风格，平淡、克制，在似乎通达之处看清楚了生命的重大障碍，同时，我不会把障碍当作障碍，而是把它看作生活的一种样式，与之默默相处，注视，找寻，并不试图翻越而去——也可以说，我发现了属于我的写出教育与人性的方式。我仍然愿意自己像早年在乡间看到的木匠那样，不停地在木头上找出内心笨拙的图像。我大概越来越难以带给你意料之外的变化了，我确实没有任何变化，有的只是不断地重新开始。

2

有些文字写在这里与写在那里并无多大区别，有些话题谈了又谈，有些句子似曾相识，有些情感一再经历，像是没有上游也没有下游，也像是一直并未展开一样。一个线团是在缠绕中才像个线团，我说的是这些没有出路、没有重量……不停地接着说的一切。这样的方式对我仍然具有统治力。

好了，今天早晨不知什么时候已下过雨。地仍然是湿的，现在阳光密布。是鸟的嘈杂声把我弄醒的，我又躺在床上很久，听得出来主要是麻雀的声音，婆婆妈妈。它使乡村有种喜庆的气氛。

我坐在哪里，笔也跟随到哪里。

3

在米兰·昆德拉的小说《玩笑》中有这样的句子：对了，肯定是露茜这种特别的慢悠悠把我给迷住了，这种慢悠悠映射出一种逆来顺受，没有目标催着去做，也用不着急于伸手去拿取什么。

……

插播一段：

"但是"。"但是"是一个意外，也是一种开始，它有一种强力使开始变成必然。

"但是"，具有一种真正开始思考的秉性，"但是"出现在疲沓、冗长、敷衍之后，往往能够使人眼睛一亮，内心闪现出莫名的期待。

"但是"意味着冲动。"但是"具有策略性。"但是"常常使人畏惧、沮丧。

"但是"也意味着回护、拥抱、不放弃。

"但是"是一个别有用心的词，喜欢用一个复眼打亮幽暗的现实。

……

对我们所期待的变化，一定是需要有人承担责任的

1

我看到自己越来越多地陷入一种遗忘，对眼前事物，对刚发生不久的经历，对人的名字。哈扎拉尔说：遗忘不期而至，它意味着肉体的老年开始了，然而，当你记不住眼前的一切时，你又何必勉强自己呢？遗忘难道不是来自上苍的良药吗？且不说你仿佛从此过上另一种生活——对自己的记性不必负责任的生活——更重要的是，也许你完全可以更专注地回到自己的童年，哪怕这些记忆更多的只是细碎而又清晰的痛苦，你也回到了自己。自我哺育就是指一个人不断地从童年获得资源。

哈扎拉尔并不是安慰我的人。哈扎拉尔意味着某种痛苦的解脱。也许我的老年来得太早了，我常常这样怀疑自己，但是即使我精力充沛、生机勃勃，又有何用呢？

2

这十多年，一直被我自己认为是"才思敏捷"的恰当年份，但正因为这样不合适的认知，我时常会为突然"写不出字"感到不安，而另一

方面，那些"写出来"的字则堆挤在那里，相互争吵，纠缠不清。我并没有把停笔作为解决之道，而是，更热情更执着地投入思想的混乱与文字的争夺，以此构成自己不可思议的逃避。齐奥朗说，轻盈源自混乱，只有在战栗中才有解脱——他的文字也奇妙异常：

我只喜欢事物的爆发与坍塌，还有引起事物的火种和吞没它的火焰。世界的绵延叫我难以忍受，它的诞生和飘散却令我欣喜。要活得只对于朝阳与衰颓落日着迷：要跳开时间的脉动去捕捉源头与终极……梦想星座的即兴表演和它们的高雅；蔑视存在之按部就班，径直冲向在两头威胁它的深渊；是时时刻刻的开始和结尾处耗尽自我……

3

你所说的一切就是证言。

对我们所期待的变化，一定是需要有人承担责任的。如果面临这样的问题，我们就像要数数一样，先从自己数起吧，也许真正的变化就端赖于我们能够诸事先从自己数起——

让我们数数时，首先把自己数进去
不是有人约请你喝咖啡
沙发后面站着美丽的新娘……

4

我不过要补充一下以便能够说得完整，就像一直在说却不知到底为什么而说那样。哈扎拉尔感叹说出什么不是我的义务，尽到"说"的本分也不是我所要追求的，一个时代只有极少数人能够拔着自己的头发离开所在的世界，他们也带走了我们对未来世界的感受，他们却是更痛苦的人呢。因为他们属于两个世界，终生不得安宁。

现在我也算是完成了一种记录，我从对木头的倾听中，对花草的凝视中，以及对某一页书的误读中，捕捉到了一些属于我的声音，我还来得及在自己的笔记本上记下这些作为生命与死亡的见证。

放慢生命的脚步，感受重新到来的甘甜

1

哈扎拉尔曾经说过，这世界是难的。

有时候我更多的只是在文本意义上表现出自己的理解，当你要作出判断之时，总是有着已经显露出来的某种野心。我是句式的收集者，同时模仿了某些句式，我并不试图说出什么，而是希望通过模仿达到粗浅的应用能力。我也收集一些词汇，特别的节奏感，我乐于尝试特殊的呼吸方法，在我看来对世界的理解包含在你的吐纳俯仰之间，当我们气息均匀平和之时，世界也是圆融饱满的，我热衷于这样的联想。我是一个沉湎于不止息的思考与回忆中的人。

2

这些年我发现自己的相貌也显得越来越像个透不出逃不开思索的人，是的，我一直就在思索之中，好像这是一种快乐。有一次在火车上，坐在我边上的女子一上车就开始打电话，一个接一个，不断地说明、解释、请求、批评、责问，当然我并不厌烦她这样，她是辛苦谋生的人，我只是对她说了一句："如果有可能你也想想工作之外的事，一些过去的事，一些怎么也做不到的事。"我比较愿意和陌生人说些轻松的话，你怎么对待别人，别人就怎么对待你，一般就是这样。车过一个站时，山坡上满是盛开的桃花，显得很艳丽热烈，我告诉她："你看那边，桃花多好看！"她回答我："是啊，三月桃花开。"我想了很久，这好像是一个句子，对，就是一个陌生的为生活奔波的女子，为身边莫名其妙的男子随口说的一个句子。这样的谈话不会有任何的故事性，我不会像某个作家那样先给她取个名字："我猜她叫李晓露，来自河北省保定市，现在正赶往福建省永春县，她将在泉州下车，并在这个城市住上一夜。"虽然我确实看见她在泉州下了车，她推着大包的行李，她疲倦地看着前面，但我的故事到这里已经结束了。我仍然要回到自己的思绪中，无论坐在我身边的是谁，我就是眷恋文字的人，在我的缅想不断推扩的波纹里，我不离开任何的句子，每一行都有让我着迷的可行性。

于是，我常常喜欢这样持续的运动，无论飞机、火车、汽车，还是现在比较少使用的轮船，所有"无用的时刻"都构成了一种在陌生人中间独处的美妙，在放松的漫不经心的抛离感相伴之下的专注，这个时候多么适合用于某种"秘密"的回忆，多么适合对已经不可能的细节反复抚摸咀嚼，像是无数次重新经历一样。有些所谓的美妙往往只在失去之后你才会真正地拥有它，你不要想着改变，不要有任何的懊悔，甚至不必勉强自己，所有的回忆都是逼问，都是被自己人生的某个细节、片段、疑问羁绊住了，我们放慢了生命的脚步，我们感受到了重新到来的甘甜。

我到达一个急速发展的城市，下了火车之后，就看到天空也变得有点沉重，空气中隐隐约约有种让人不安的气味，后来在这个城市好几个酒店的电梯里，我都体会这个城市的味道，我第一次产生这样的感觉——"这里的人身上多臭啊！"说真的，这是油然而生同时让我渴望快速逃离的感觉。呵呵，真的有点荒谬，无从解释。

3

有一天我意识到，后来这样的意识不断地得到加强——我多么羡慕那些能够辨认并随口就能说出地上植物名字的人。在我的园子里就是飞来几百只鸟，我也不能认出几只是我能叫上名字的。它们是花、草、树和鸟，它们是无名氏，它们是面具，装饰物，大自然的赝品，它们在欺骗我们，它们不会在我们的梦乡说出自己是谁，它们不是什么问题，它们不会给予我们真实的情感、某种更为强烈的震撼，它们是否已经舍弃了曾经也属于我们的荣耀？

4

我们和生活的联系几乎就维系在"使用性"这条细线上。

5

今天早晨七点多，我被满园子的麻雀叫醒了。这些容易快乐、始终快乐，也喜欢和我们相伴的家禽般的朋友，它们身上有祖传的快乐基因，天一亮就开始说话、吵闹、欢爱，没完没了，显然它们比我更像春天的动物。曾有一个朋友问过我："你见过忧伤的麻雀吗？"就我多年的观察，忧伤还真是少见，有时不知什么原因，你会见到某只孤零的，不过它也是那样容易融合在一个群落之中。

> 我透过忧郁的阴影
> 久久地梦见
> 春天的树林和晴空

　　春天的芳香和鸟鸣

　　春天的一切都袒露无疑
　　闪烁着光辉令人肃然起敬
　　在明媚的阳光沐浴下
　　如同奇迹般令我万分惊喜

　　春天认识了我
　　很优雅地招呼我
　　春天的赐福多么慷慨
　　令我激动得四肢颤栗

　　这是作曲家理查·斯特劳斯《最后四首歌》中的第一首《春天》的歌词，多年前我就很喜欢了，只可惜一直淘不到这个带子。有时，你就是把这样的句子抄录一下，再默诵一会儿，你就感到某种力量了。你在言语中。

6

　　很多时候并不是我有责任谈论教育，我更愿意没有这样的责任。不过早上还躺在床铺上，我就通过手机去了一趟"1+1教育社区"。我看到了燕脂写的一篇文章——《张文质，我把他们惹哭了》。

张文质，我把他们惹哭了

　　午休后，孩子们慵懒地坐在座位上。窗外有很明亮的阳光，不远处的农田里，有个男人在摘菜。我再一次翻看手机，文质说：亲爱的朋友，请帮助我收集现在的孩子最讨厌父母对他们说的十句话，谢谢你。简单的调查就在这时开始。他们或陷入回忆，或在纸上疾书，或与同桌笑成一团。"你看看人家，好能干，将来你只有跟他提鞋子哦！""你成绩这么差，将来怎么办哦！"卢晗刚一说完，他们就纷纷点头，说："就是，就是。"王昶秋说："我妈说这话的时候就是我最烦心的时候。"坐在第一排的刘青青眼圈有些泛红，我想，她或许对此有过什么"苦大仇深"的经历吧。走廊上有两个女生笑得很放肆，是尖利的器物划在玻璃上一样的声音。我用目光示意刘青青发言。她慢慢站起来，有一绺蓬乱的头发伸进了她的嘴里。她说："冉老师，我，我喜欢，我喜欢我妈妈对我说过的每一句话！"眼泪顺着她黄黄的脸滑下，教室一霎时变得静极了，我听到它在桌子上敲出"啪啪"的声音。我的心隐隐有些痛。刘青青说："我十五岁了，我妈妈一共只回来过五次，呆得最长的一次也没有超过一个月。我喜欢她对我说过的每一句话，可是，她对我说得太少太少了。"抽噎的声音越来越大了，很多孩子都捂着脸趴在桌子上。我怎么忘记了，我班上有四十二个留守儿童，虽然他们已经初三了，虽然我们都以为他们长大了。

文质，调查无法进行下去了。我把他们惹哭了。

很小的一个人，很微弱的一丝风，也会让我们察觉到这个世界如何使自己丧失掉一部分意义，我们很难轻易跨到幸福那边去。

哈扎拉尔。哈扎拉尔。是你说，教育，只要我们看到一个人，用人的方式看一个人，你就知道什么是谎言，什么是苦难。

而在想象我和哈扎拉尔的关系时，我曾花了几个月的时间一直想着某些文字为什么由我写出来，却是属于哈扎拉尔生命中重要的一部分，像是我进入了他的梦境，打开了他书写的密码，不过我写下、记录的仍然是哈扎拉尔的絮语。哈扎拉尔放大了这个世界的荒诞感，他能够比较严肃地看待那些本来就应该严肃看待的问题，给他动力的，是剥开，是揭示，是用特别的力量使荒诞失去伪装，使这个世界变得更为坦诚、真实一点，即使我们只知道最低限度的真相，我们也不再生活在盲目和信从之中。这个变质的世界，露出了它的底色。

现在我仍坐在庭院中。边上有十几盆的报岁兰，花开正香，桂树也开着花。三棵桃树更是花开满枝。豆荚在开花。茶树在开花。菜园里也都是花。不远处鸟鸣正欢。龙眼树下两只狗正睡着。我随便看看。耳中最细的麻雀的叽叽喳喳声也没有漏过。

记得前一阵子读的《梦幻宫殿》的第一个段落，"幽暗朦胧的晨曦透过窗帘渗进屋子。一如往常，他拉了拉毯子。期望再眯会儿。但很快，他就意识到已经不能这样，得赶紧起床了。今天的日出预示着一个非同寻常的日子呀，他记得。这一念头顿时驱走了他全部的睡意"。我喜欢一部小说是这样起笔的，平静，又预示着不同寻常的可能。生活总是有自己的样子，我经常为某件事可能有的更深的寓意担心，夸张地说，总是有的人会这样。说起来，一旦一件事情已经开始，它的结局就难以预测。

现在我想的是什么呢？

7

现在我想些什么呢？

某部电影的一句台词：独自工作，令人沮丧。

这样的句子当然也可以反过来换一种方式说。因为重要的是：沮丧才具有一种本质的力量，似乎非如此沮丧不可。

早上还在想着前一天看到的燕脂文章中的留守儿童问题，福建教育电视台的小伙子已扛着摄像机到了我的办公室，要我谈的竟然就是留守儿童：前两天安溪县的一个高中生自杀了，他的父母常年在大连经营茶叶生意，孩子在手机中把他们的电话设为黑名单，在 QQ 最后的留言中也只字未提及他们。到底他们是怎样伤了孩子的心呢？

我心中默念着留守儿童才是这个缺少道德的社会最重大的问题所在。然后才是其他的一长串的名单。

8

安慰、宁静、消失在日常的悠闲中，把自我和尘世融为一体。从琐屑的欲望中看到自己身体的种种活力，把目光紧紧看住一天又一天失去的光阴，我们像是不可靠却又有滋有味生活的影子。通往光明的路，或许是朝向下方的。——这是我在某个间隙闪过的一念。

大概我不善于持久地就想着一个问题，持续地在这个问题上反复盘旋，我不是解决者，我是延迟了作出判断的人。

爱，是不是一种被放大了不断发出回音的谎言？

幸福，是不是恰恰在于他独自一人——他终于可以从自己之中消失了？

绝望的人总是反复酝酿如何做到这一点：他终于不在了？

他会使用最简单的方式，古老而又新颖，第一次就是最后一次，每一次都是最后一次。

我常常想在一个人的思考深处确实难以判断是否还有拯救，而很多人则更愿意只为"那些琐碎的、无穷无尽的忧虑而生活"，因为感性的生活即使碎成无数碎片，仍是生活本来的样式，人人都很习惯它就是这样。

面对，也许会说出我心忧伤，我心依然。

转过身后，你就会怀疑自己的所思所想，不是它不可靠，而是如果不怀疑，我们又如何找到确切的自身呢？

不是它不可靠，怀疑也意味着先前发生过的一切确实已经成为过去，鲜活的生命，作为一种波动之物，它无条件地迎向未来，没有怀疑，所谓的过去就取消了它的意义。

而在纸面上，那一部分的生活，始终没有进展，始终只是一种继续。

9

我时常幻想自己具有某种从容叙事的能力，我更愿意记下什么，无条件地在活着的不断激荡的"正在发生"中找到自己的热情，我将可以在每一个作品结束时都写上"待证"这两个字。"待证"，这样可以信赖的字眼，会激发我保持自己的怀疑。保持怀疑就是保持不夸张，不回避，坚守作为异议者的精神存在。

现在，我要继续闪回到自己所思虑的一件简单的事上。

我想着我将自行出版一本《写下就是零散》。

出版时，它将更名为《当我是哈扎拉尔时，其实我是张文质》，特异小开本，硬皮封面——书中不会有任何的删节，自由、舒展，就像婴儿一样。

不过我又会怀疑其实这仍然就是自宫过的产品，当我思维之时，在我落笔之初，以及重读之后，我已经使用诸多方式使之清洁、温润，就像婴儿一样。

我从智慧之书中学习生命的准则，它常常被制作成似是而非的格言。我喜爱这些看似反向的教育。建立在缓慢和重复之上，有时又一片混沌的生活，即使就是我们自己，也仿佛有好几个形象时而分开，时而又叠合在一起，在互证的同时，彼此可能又成了讽刺。

你相信这个世界，就再也无法拒绝这个世界。

未来多么遥远，同时又是时常开在眼前的花朵

1

　　我寻找一个开放的命题，只为了接着信手书写。

　　多年之后你才能懂得无论任何的问题，你都有了对于自己而言更复杂的理解力，仿佛你一直在向内心索取不断更新的答案，"每一次我都会说，我终于真正看清了你……"之后，又会有新的"一次"，需要继续"把它看清"，人不会因为这样的工作获得额外的回报，这一切都在脑中发生，转瞬又化为乌有。生命对于那些富有智慧的人而言，就像一场不断进行的智力游戏。同时，我们通过新的命名，试图重新把握自己，并在如此的把握之中，重复和深化了自己的一知半解，既眷恋又不安，生活往往就围绕着这样的逻辑运转。

　　我明白我不是为"解决"而写作，也不是为了任何的结果。夸张之词就是：我为了活着，为了走路时双腿仍然能够有力地跨动，为了想到某些隐秘不示人的美好时，眼中闪出的光泽，为了脑袋里彼此相伴，最终又相安无碍的众多声音。——想起来就写下一两个句子，追寻没有意义的真实存在。

　　相比较而言，我愿意说"多年来，我一直想着大多是最终被我写到

纸上的问题，它们仍在那里，为我传递着各种震动"，首先是我自己对这样的生活感兴趣。我属于这些托词，它来自天性。

快乐，爱，相爱，都要及时。

有些文字当它被写下，就与世界深处向来值得人们探究的宿命关联在一起。"是的，他必须写，这将是一个归宿"，我爱戴的里尔克也曾经有过这样的感叹。

里尔克还说：诗是经验。也许所有的文字，我说的是我自己的文字，也都是经验的一部分，无论展开与归结，一个个句子中寂静或喧闹，我已经体会到它都别有立场。事情就是这么奇妙，你写下的文字带动着你最终要成为的人。

……

2

现在我再说说我这两天生活中某些滑过的片段。

我回到我们彼此熟悉的场景。

在下班回家的路上，我时常会碰到一些穿着校服的中学生，我免不了要问他们来自什么学校，这一天都上了什么课，或者有什么好玩的事情。在等候电梯时，这样的对话常常有一句没一句地进行。孩子们对我的问询大都很被动：他们不得不回答。

这一天我问他们的问题是：上午无论是国旗下的讲话，还是上的四节课，有没有一位老师提到过前两天发生的仍然弥漫着不幸与令人畏惧的灾难。小男孩很羞涩地告诉我："没有，他们一到班上就讲课了。"现在这样的事情在被我记下来时，又过去了好几天。我正在山区的某个中学听课，让我好奇的是上生物课的教师在课堂上叫学生发言时，喊的是他们的号码，"5 号""16 号""27 号"……被喊到的学生会痛苦而夸张地吱一声，其他学生则快慰地哄笑。"我想这样叫他们，可以让他们因为随时有可能被叫到而保持学习的热情。"上课的老师对我说道。

我记下这些，也别无寓意。明天我也将要讲课，有 600 多位听众，每个座位上都贴上了他们的姓名，每个人都"有名有姓"，这种情形也是我第一次遇上。

有时我像是一个写日记的人。不过我并没有用心写下每一天所发生的，生活中某些细节会令我想到哈扎拉尔说的：生活本身更像是虚构。

……

有个校长告诉我，他那儿有个教师一开口总是要说让人惧怕或沮丧的话，有一天他同学要请他吃孩子的满月酒，前一天特地打电话希望他在酒席上不要乱说话，他答应了。在酒宴上他果然一言不发。散席时他特地告诉主人：你叫我不说话，我今天一句都没说，以后你孩子要是死了，和我没关系啊！啊，啊，啊！

而今天我则在讲课时不经意间赢得了几次特别热烈的掌声：

没有教不好的学生，只有不会教的老师，这句话大概是大脑出了问题的人说出来的。

表扬可以公开进行，批评最好放在私人空间。

只有无能者或者急于求成的人，才那么易于狂怒，权力转化成了坏脾气。

……

这些并不是什么高论，我只是又说了一下。

后来教育局的副局长告诉我，你所批评的几乎都是我们局长常说的、常做的，他坐在那儿不知怎么想，我肚子也笑痛了。

这个"可怜的人"，精心准备了这次活动啊！

人多么奇妙、丰富而矛盾，就看你这一次看到的是什么。

有时是你来过，见过，说过了。

波德莱尔曾以傲慢而又快乐的口吻说道：我用一朵花，来责难自然的无知。

当然我现在的感觉不是这样，我为了内心闪过的轻松的感觉，而特地抄录了这个句子。

3

我从书店出来带走了四本书，其中有弗朗西斯·蓬热的《采取事物的立场》两本，一本是要寄给一位同样喜爱细小事物所蕴含的深邃而又毫无意义的哲思的朋友。这样的念头使我急急地走回家，重又坐到书桌前。

实际上我每次购书之后，都不想再见到任何人，看任何其他物。

书是向导。它是逗号，动态的，行走的，结实的。

我更喜欢的是，某些句子，某些特别的句式，会把你的眼光重新收回到对"新奇"的渴望。

"火作了一个顺序排列：所有的火苗首先朝一个方向前进……"，我读蓬热最早应该在上个世纪 80 年代。蓬热，比较能记得住的让人产生联想的译名。细细碎碎，就是为了写下来像雨点一样流淌的句子，你说是纯诗也好，反正极为轻，有点为之惊讶。

我们曾把沉重当作主要的生活。

我们今天仍然乐于把沉重看作是精神身份的一部分。

现在我如果抄录一些无足轻重的句子，在午后，有点昏昏沉沉，我仍然可以找蓬热下手：

一些品质或场合使某个小动物成为世界上最害羞的物体之一，或许也是专注的目光下最不驯服的猎物之一。就这个小动物来说，大概关键不在于先给它命名，而在于小心翼翼地展现它，让它自行进入迂回婉转的文字隧道，通过话语在辩证的要处抓住它……将它定位的是它的外形特征、生存环境、无声的状态和正当的宣言主张。

首先让我们接受这一事实：有时，因为高烧、饥饿或仅仅疲劳，人的视力会受到干扰：视觉平面上到处翻腾着类似小符号的东西，运动的方式很特别，迅猛、间歇、连续、先后退再慢慢回转地跳跃着；小东西不太引人注目，半透明，形同小棍、逗号或者别的标点符号，它们丝毫不遮挡外面的世界，却又在以某种方式将其抹去，它们叠印着移动，终于让人想要揉亮眼睛排除干扰重新享受更为清晰的视觉。(《采取事物的立场》)

这是他以"虾"为标题写下的一段文字，你读到了什么？

如果是这样的句子呢：

随着智慧的增加，人们会发现世界上存在着各种各样奇特的花朵。普通人是无法发现花朵之间的区别的。

好吧，好吧，我们现在先不去考虑有智慧的人与普通人真正的区别是什么造成的，我相信所有的差异都是客观存在，我写下一些文字，就是为了从这些文字中折射出"不知所云"，这也被看作是一种乐趣。

再读一读这些文字吧：

我试着去看，或更确切地说是去听，去呼吸我所置身的那座花园。

春天，雏菊、紫罗兰、玫瑰、含羞草和丁香花次第盛开，而后是花葵属（爆炸性的）夏天，而后又是玫瑰、美人蕉、老鹳草、鼠尾草（尖尖的、不引人注目的），薰衣草（香气扑鼻的）、粉色的和白色的槐花，西班牙丁香、蜀葵玫瑰、茄科植物、红色或粉色的月桂、雏菊、黑玫瑰、紫葳、蜀葵。总有一棵含羞草树，玫瑰正在回归，红色，白色，粉色，乳白色（向龙萨致敬），十多只蝴蝶和雄蜂翩然而至，停在上面，采集花粉。采花（butiner）这个动词（战利品 butin，调戏 lutiner）在虚无的背景下通过蜜蜂呈现了出来。来点音乐么？是的，《费加罗的婚礼》中《小天使咏叹调》（Chérubin），爱情的蝴蝶，farfallone amoroso，在莫扎特变成唐璜之前，他就是蝴蝶。然后，不，安静，这种安静是在海岸，一种颜色鲜艳绽放的安静。

春，夏，秋：一场安静的火，花朵。（《情色之花》）

4

无论你写下什么，无论你为谁而写，无论你是谁，你都逃脱不出——这些终究是"恒定的、反复的、崇高的、理想化的、贞节的、官能的、坠落的、忧郁的、使人振作的、醉人的、神秘的、形而上的、启蒙性的"文字所组成的巨大的困扰，"玫瑰不问为什么？"轻盈的鸟也不是用足尖回答一棵树的枝桠所寄托的深意。不过在枝桠的尽头仍然是簇拥的花束，明媚的天光像是大地无限深邃的倒影，我们是从那里看到自己的欲望、沉默、焦虑、向往、深情、恐惧、虚无和雄心的，一切都在幽深的晦暗之中，"那是我们亲眼所见，并非幻觉"。

我仍然要把因为无知而引起的羞涩、敏感、热情、无语等等看作是必要的美德，说是美德已经是过于隆重的赞许了，其实你要有足够的耐心，在看得见或者你即使意识不到也在不断涌动的时间长流中，畅饮各种苦涩和羞耻之心，人生是一项困难同时需要耗尽所有修炼与营养的漫无边际的旅程，最终何时结束一直是永恒之谜，你既畏惧又总会怀着安慰。

课桌椅、黑板、校园的铃声、试卷、成绩单、评语、微笑、某棵不知何时种下的桂花树、围墙外的龙眼、香樟、白玉兰、字典、遗忘、梦，未来多么遥远，同时又是时常开在眼前的花朵。善于观看的人，往往有着细腻而性感的心灵——哈扎拉尔说的是他自己吗？我知道水边的绿竹，它本身就能带给你愉快、安静，我也知道躺在江边的草丛中听到的声音要比我在其他任何地方听到的都要多，神秘是大自然的语言，你不必通过课本才能懂得这一切。

给过我灵感的任何一棵树，龙眼、荔枝、橄榄、香樟、李树、棕树、榕树、桔子、杉树、柏、松、柳叶桉，所有的树，我先是在故乡看，然后看到的越来越远、越来越多，树总是和人亲近，又总像是天堂的一部分。

正因为我的无知，我才可以大胆想象，如此绽放，简单、用力，我得到的不见得仅仅是启迪，而是，生命与生命，持续的相互答应——我越过的，只是期待已久的身体的冒险。

5

最后我想以这样的句子结束这篇文字：

写完这一篇，这本书就将告一段落了。

其实在写作之初我就从未计划过将要写下的文字的所行所止，我研究的是段落、趣味、联想，抄录、夹叙夹议、词语、遇见，记忆、放任、经验、伤情、劳作，也就是说当我坐在书桌前，柔和的台灯照亮的是一个热爱坐在书桌前的人，他的活页本像是整洁、得体的儿童的小舌头，能够赋予夜晚一些无声的声音，一些小可爱，这是"一个个体的时刻"。这是吐露清香的一棵树。这是小游戏。这是我喜爱的含羞草。我等待的并不是曾经眷顾过我的所谓的灵感，现在我是一个拖延者——我迟迟不能结束任何一项工作，我把胡思乱想变成一种认真的虚荣，不需要证明，也不需要论证。

有时——我常常指的是夜晚——没来由地就涌上一阵怜悯。今天我仍在读菲利普·索莱尔斯的《情色之花》，我从他那里偷了一些停顿和转折，以及某些特别的武断。你写下的文字无论何时都需要参照物、借鉴，并通过恰当的引用而使语意变得复杂，甚至晦涩不明。不过无论如何，夜晚总是会因为阅读、枯坐、绵想而涌出一阵自我怜悯。一个人面对世界，再狭窄也好，仍要时时走过、伫足、引发思考，2011 年对我的提醒之一就是"要好好活"。

我们很少想到自己如何一天一天走到这里。顿悟的艺术指的是自我生命的突然出现吗？所失去的每一天一定是完全失去了，智慧真有那么可靠吗，如果我们的眼睛仅仅希望不断往回转？现在我要做的事情就是认真地"记下"，做一个笨拙的抄写员，一个喜爱潜水的人。哈扎拉尔说，爱恋自己很重要。爱恋帮助不安的心变得很安静。而安静的人是不是面对人生的困难也仍然那么安静？

是的。因为对安静，人们很难定义。

附　录　唇舌的授权：上个世纪的教育记录（12 则）

1

马可·奥勒留的《沉思录》一开篇就是从"我"的祖父、父亲、母亲、教师等人那里，"我""学习到"、"懂得了"、"明白了"一生受用的最重要的美德：弘德、制怒、谦虚、果敢、虔诚、仁爱、戒除恶行、戒除恶念……在我们的一生中，我们能从谁那里"学习到"、"懂得了"、"明白了"这些对我们同样重要的美德呢？一次学生座谈，一个初一的学生说，他六年级时的一位同学，因为犯错，班主任在狂吼一阵之后，当着全班 50 多人的面，摔了这位同学一巴掌。后来这位同学给校长写了一封信，班主任在挨过校长批评后又冲到班上大发脾气，他说：你告我打你一耳光，可是谁能出来做证，难道有电视记录不成！全班没有一个学生敢吭一声，班主任在没把自己当人时也把他们视为无物。不能怪孩子们。在这充满各种危险的教室里，他们"手无寸铁"，没有人保护，他们是弱者，可是他们从这位老师那里"学习到"、"懂得了"、"明白了"的将是什么样的道理啊！有一个女孩子听完前面这位同学的话后，她的看法竟然是：也许那位同学碰到这样的老师也有好处，以后到社会上碰到的也是坏人多，他就知道怎么对付他们了。

2

一个初中学生，忘了带学校规定要带的手帕，想向同学借，同学说窗外屋檐的水沟里有谁丢下的一条，她就一脚迈出去了，然后脚底一滑，便从五楼摔下当即殒命。学校说自己不是直接责任人，家长则认为事件背后另有真相。此类不幸事件已经不是第一次了。我想的只是，为什么女孩子对自己忘了带手帕如此认真甚至恐惧，明知有危险，还是迈出了那致命的一脚。我只是想此类悲剧为何会一再重演，悲剧的背后是不是都有一条极其可怕的导因，它不曾条文化，使学校可以说自己不是直接责任人，然而它却在一日又一日毁掉教育纯洁、慈爱的面目，而陷于万劫不复的泥潭？

3

在黄克剑的著述和雅斯贝尔斯《什么是教育》那里，有很多令人惊奇的"旧词"，"迷人而又费解"，我们最终与他们的心灵相遇，这种相遇是在漫长的迷途之后，也许，"旧词足以表达一切"。"旧词对天才来说已经足够。"

4

我同学中对学校感到害怕的不止我一个。一年级的班上个子最高的同学张厚银，他家有九个兄弟，据说晚上睡觉经常有一两个被遗忘在屋外的草堆里，连他母亲也不知道到底少了哪一个。张厚银在班上第一学期就出了名。有一次老师让他在讲台上"大声"读课文，张厚银读完后迟迟不肯离开讲台，老师和同学都感到奇怪。老师就走到他跟前问怎么回事，他没有吱事，老师看了看他，马上让大家提前下课到教室外玩。

我们看到张厚银背着书包回家了（这位仁慈的老师是童年为数不多的美好记忆）。后来全班同学还是知道张厚银出了什么事：他课文没读完，裤子就尿湿了。张厚银没有读完小学，多年不见后，我已经无法从他兄弟中辨出哪一个才是他。我一年级两个班的同学中，没有读完或只读完小学的居多，上初一时，继续同学的只剩下十多个。想起这些事，我想起我整个童年和少年时代。我是一个不会笑的孩子，我和我的大多数同学一样，几乎都被遮蔽在黑暗之中。如果仅把一切归之于命运，那是不公正的。一直到了大学，我才想到，或者才有勇气想到（不带有恐惧地）我是多么憎恨那个年代。

5

我又想到我的父亲，回忆中的小学阶段，我记忆最深刻的多数是他怎么打我。最严重的一次是当他去抄棍子时，妹妹叫了一声：爸爸不要打哥哥吧！她一下子晕了过去，羊痫风又发作了。我一辈子都将以辛酸的心情回想起妹妹的这一声哀叫。后来父亲每打我一次，我就把它记下来，把纸藏在墙脚，当时我也不知道为什么要这样做。我并不恨我的父亲，更多的是畏惧，更多的是对艰难生活的绝望，至少我从小就知道父亲打我，除了我犯"错"之外，是生活把他逼急了，而我不应该在这个时候错误不断。父母几乎没有一点闲工夫可以用来教育我该怎样才能不犯错，他们也给予我爱，但这些爱还不能引导我去做一个好孩子。在我的记忆中，我的伙伴里就没有"好孩子"，每个人都经常挨打，有好几个人都被打得比我还厉害，求饶的哀叫声至今仍留在我的记忆中。后来他们的遭遇证明，童年这些痛苦的经历不但毫无价值，甚至把他们的一生导向了更多的恶。不过，我没有成为那样的人，要感激的还是我的父母，他们本质上都是善良的人，他们人生总体上给予我的是善的教育，也许正是这一点，使我没有陷入邪恶的泥潭。虽然这点说起来有些矛盾，但从我体验的角度，我感知了这些善。我希望我的生命能够继续做证。尽管说到善时，也不应该忘了我从小的怯懦与身上固有的善的天性，这是另一个话题。

6

从我上初中开始，我父亲似乎下了决心，不在我犯错时打我了。至今我仍不知道什么原因促使他想逐渐成为一个慈祥的父亲，奇怪的是他最终做到了这一点。今天在我女儿的眼里，他肯定是世界上最好的人，现在我让这些"记忆，说吧"，实际上是在反省我自己。前几年，当我生活失意、心烦意乱，或工作的压力重重时，我对待女儿，也曾有过粗暴，甚至狂怒的时刻，至今我仍未完全克服这些暴躁，早年的教育、童年的遭遇甚至遗传的恶都在我心灵深处扎了根。这也不仅仅是我一个人的命运。

7

我上学时，学校里没有任何体育器械，课间休息我们就在学校里相互追逐，上体育课也是这样。有时还玩一种特别的游戏，就是先在地上画一个一尺见方的"地盘"，然后"庄家"转过身去，其他人用小刀把土挖开，藏一小段草根，然后再掩上不让它露痕迹，请"庄家"找。多么简单的游戏啊，我们却沉迷其中。有一次上体育课，有一位同学带来了一节电池（我们称为"电土"），班主任就让我们几位同学围成一圈扔着玩，看谁接得好。没想到带"电土"来的同学把"电土"扔得太重了，我根本接不住，刚好击中了我的"人中"，当即裂了一个口，鲜血直流。班主任课也不上了，带我上村"赤脚医疗站"包扎，还把我送回家，对我奶奶说"是同学不小心弄伤的"。很久以后，每想到这件事我心里就很感激她。

　　但就是在我上学的第一学期，我遇到了一件终生难忘的大麻烦。由于同学们经常在课间休息时玩疯了，不去上厕所，到了上课，就不断有人要出去。有一天班主任生气了，宣布以后上课谁也不许去厕所。没想到没过几天，第四节刚上课，我就感到肚子有点不舒服，我顿时害怕起来，不敢吱声，时间一点一点地过去，要大便的想法越来越强烈，我弓着身缩在那里，班上所有的声音都听不见了，我用尽全身的气力克制着，但是没有用。我整个身体仿佛都悬在随时会射出的箭上。我多么盼望出现奇迹啊：下课的铃声突然响起来，或者腹痛的感觉突然消失。我浑身湿透了，几乎要哭出来，但又不敢。我担心会一下子"出事"，然而最后还是"出事"了。担子卸了下来，却一头掉入无底的羞愧的深渊。我一动不动地"钉"在座位上。不知过了多久，终于下课了，可是这铃声来得太迟了。我整理课本，小心地站起来，用书袋遮着，排队，慢慢地走出学校，然后开始狂奔，泪水模糊了我的双眼。跑到家门口，一看到妈妈，我就嚎啕大哭起来。

8

　　1987 年秋天，我参加讲师团到某县支教，在成人中专上语文课。有一天我收到爸爸的来信，说祖母生病了，病得与以往有点不同，她最信赖的医生也看过了，但仍是浑身无力，没有胃口，没有精神，人一天比一天瘦，又查不出什么病。后来，医生说祖母得的是老年性衰竭，可能没治了，不过病情的发展会比较缓慢。接到信，我心里非常难过。我兄妹三人，因为我是长子长孙，自小祖母就最疼我，妹妹出生后没多久，我就和祖母同住一间房，同睡一张床。在那张祖传的大床上，祖母说过不少家庭和她的辛酸往事，我陪着她掉过很多泪，我性格的形成与祖母这些朴素的教育有很大的关系。16岁那年，我到上海读大学，妈妈派弟弟顶我的缺，和祖母一起住，没想到只睡了一个晚上，弟弟就不肯去了，因为祖母向弟弟交代：你只能平时住这里，等哥哥放假回来，这张床还是哥哥睡！

我利用出差的机会，回到老家。祖母一看到我就掉眼泪，嗫嚅着说也不知道怎么搞的，病就是不见好。祖母没有想到自己的日子已经不多了，我当然也不能告诉她实情。我要回学校了，她突然问我：我是不是不能好了？说得我非常心酸。爸爸说如果祖母的情况不好了，他会打电报给我。

那时打电话很不方便，我回校后除了写信外，只与爸爸通了一次电话，爸爸一直安慰我，叫我不要担心。1988年4月的一天，我接到了爸爸打来的电报，说祖母病危，速归。明知这一天总要到来，我的心还是咯噔了一下，有种非常绝望的感觉。我拿着电报赶忙向讲师团领导请假，没想到他看了电报说了一句：为什么不等去世了再回去？过了一会儿，又说：你要回去也可以。我黑着脸，什么也没说就走了。

坐第二天一早的汽车才能赶得上从永安开往福州的火车。当晚我就住在汽车站附近一位学校老师家。夜里一直做梦，就是梦见祖母已经去世了，我赶回去已经来不及了。第三天早上回到家里，进门看见气氛平静，我才放了心。祖母瘦多了，已不能说话，听见我的叫声，微微睁开眼，眼泪就流了下来。又过了几天，我想起领导的那句话，心里有点焦急，就对爸爸抱怨电报发早了。爸爸没说什么。当天夜里，祖母又突然不行了，四肢冷凉，几乎没有呼吸，一家人都守在床前。第二天，却奇怪地清醒，像是火重新燃起来一样，我心里正想会不会是"回光返照"，夜里祖母真不行了，10点多钟她老人家平静地去世了。

第二天开始张罗丧事，夜里由我守灵，半夜空气潮湿，蚯蚓从地里爬出来，磷光闪闪。想到我正面对着祖母去世这一事实，就特别恨自己的懦弱，特别是恨那句毫无人性的话。

9

　　2000 年 3 月 14 日上午，福州某学校的一位管事的教师请我安排时间到她学校作一场讲座。我曾与这所学校的学生谈过两次了。一次在晚上，阶梯教室里，坐着满满的"自愿者"；另一次是在一个微雨的午后，十几个学生围成一桌。都因为我的朋友 ×× 在此任教，他以为有"责任"让我讲一讲。我印象更深的是校园一棵巨大的三角梅花朵盛开的动人景象，美得让人不愿意走近。后来在 ×× 的画里，我每看到三角梅总以为都是那一棵。美得比较过分时，就有点不能再美了。然而这所学校最让我无法忘怀的却是，某年年关时节，学校放假了，我去看望他，在校园的山脚下，意外地目睹了"留守"的学校"领导班子"跪拜山神的那一幕。好多年过去了，其实也没什么。一些单位，甚至大学重修大门时，不是同样延请"易学大师"、"道学大师"主持吗？门要歪、道要斜，大门的狮子座下定然要镇上够份的人民币，保"香火"、保平安、保诸运亨通。现在突然想到这一切，又变得有点絮絮叨叨。

　　总之，"优雅的腻烦以及阴暗的、抽搐的、无穷无尽的腻烦……"

10

　　一个三年级的男孩子上课时，同桌不小心把他的凳子碰翻了，60 多岁的退休延聘的女教师只轻轻地说了一句：你就站着上课吧。下课时她又说道：课不好好上。60 多岁，就是小男孩祖母的年龄，60 多岁该有一张特别慈祥的脸。60 多岁，实际上你不能再指责她什么了，况且此类小小的惩罚在学校里实在是司空见惯的，而被罚的孩子，一下课就融入操场上游戏的队伍，一切都仿佛水过无痕。

　　有人远远地望着学校，那里绿树遮蔽，高高的旗帜随风飘扬，它是希望的象征。

11

黄克剑是相信书籍（思想）的力量的人，有一次他对一位正在读硕士学位的年轻人说：多读一本书，就增加一种生命的强度。

我一位读文学的博士生朋友觉得这已经是一种古典的态度了。今天思想所能抗衡的是什么？强权、市场化、网络社会？总之，读书，向大师学习的想法同时也是浪漫的。

然而，"对图书馆、对档案、对附注、对积满灰尘的手稿、对从来无人过目的文章、对印数极少躺在书架上直到几个世纪以后才有人拿出来的书充满爱恋"，这样的情感仍会持续下去，成为无用之用，仿佛一个"伟大的，柔软的，温暖的，一无所用的，博学的共济会"。

12

教育已成为公共生活中一件寻常的事。教师的角色已发生变迁。教师作为精神的领路人和知识权威的身份已经变得越来越模糊。对"师道尊严"的"道"的询问也变得极为低调。"教师"已经成为一项平庸而又偶然的职业。"平庸"是指它是"大众"的一部分，它不再探寻真理，不再能够自我依靠、自我做主，不再拥有精神的力量，即使是所拥有的知识也越来越专业化，越来越狭窄化；"偶然"指的是职业选择背后的"使命感"的退出，同时精神与个性也已退出。

图书在版编目（CIP）数据

张文质说 .2，生命的见证 / 张文质著 . —上海：华东师范大学出版社，2016.5

ISBN 978 - 7 - 5675 - 5307 - 1

Ⅰ.①张 ... Ⅱ.①张 ... Ⅲ.①教育—文集 Ⅳ.① G4 - 53

中国版本图书馆 CIP 数据核字（2016）第 121427 号

大夏书系 · 通识教育

张文质说2：生命的见证

著　　者	张文质	
策划编辑	朱永通	
审读编辑	张思扬	
封面设计	百丰艺术	

出版发行　华东师范大学出版社
社　　址　上海市中山北路 3663 号　邮编　200062
网　　址　www.ecnupress.com.cn
电　　话　021‒60821666　行政传真　021‒62572105
客服电话　021‒62865537
邮购电话　021‒62869887　地址　上海市中山北路 3663 号华东师范大学校内先锋路口
网　　店　http://hdsdcbs.tmall.com

印　刷　者　北京季蜂印刷有限公司
开　　本　700×1000　16 开
插　　页　1
印　　张　12
字　　数　154 千字
版　　次　2016 年 7 月第一版
印　　次　2016 年 7 月第一次
印　　数　6 100
书　　号　ISBN 978‒7‒5675‒5307‒1/G·9550
定　　价　35.00 元

出　版　人　王　焰

（如发现本版图书有印订质量问题，请寄回本社市场部调换或电话 021-62865537 联系）